PONS

Eltern-Kind-Nachhilfe ENGLISCH

Für engagierte Eltern und ihre Kinder

von Kirsten Fenner

Ernst Klett Sprachen GmbH
Barcelona - Belgrad - Budapest - Ljubljana - London - Posen - Prag - Sofia - Stuttgart - Zagreb

PONS
Eltern-Kind-Nachhilfe
ENGLISCH

Für engagierte Eltern und ihre Kinder

von Kirsten Fenner

Auflage A1 5 4 3 2 1 / 2009 2008 2007 2006

Internet: www.pons.de
E-Mail: info@pons.de

Redaktion: Christina Cott
Logoentwurf: Erwin Poell, Heidelberg
Logoüberarbeitung: Sabine Redlin, Ludwigsburg
Einbandgestaltung: deutschewerbeagentur
Digital Mastering: Ton-in-Ton Medienhaus, Stuttgart
Sprecher: Lara Roßwag, Elizabeth Webster, Rebecca Mehne
Illustrationen: Vera Brüggemann, Bielefeld
Titelfoto: Vlado Golub, Stuttgart
Layout/Satz: BUERO CAÏRO, Stuttgart
Druck: Legoprint
Printed in Italy
ISBN10: 3-12-561125-3
ISBN13: 978-3-12-561125-2

Welcome!

34 kunterbunte und lustige Aktivitäten unterstützen Ihr Kind und Sie beim Lernen, ob im Alltag, im Urlaub, an Feiertagen und Festen oder einfach mal zwischendurch. Spiele, Rätsel, Rezepte und Lieder machen Ihrem Kind die neue Sprache leicht. Auch für „highflyer“ (Überflieger)  sind spannende und anspruchsvolle Aktivitäten dabei.

Wie benutzen Sie diese Aktivitäten-Sammlung?

Jede Aktivität besteht aus drei Teilen: die Startseite ist in erster Linie für die Eltern gedacht. Hier sehen Sie, worum es geht, wie viel Zeit voraussichtlich eingeplant werden sollte, welche Utensilien Ihr Kind benötigt und wo die Aktivität stattfinden kann (z. B. zu Hause oder im Urlaub). Tipps und Hinweise auf themenverwandte Aktivitäten erleichtern die Orientierung im Buch.
Auf der folgenden Doppelseite liest Ihr Kind einen kurzen Text, der an die Aufgabe heranführt und einige englische Wörter und Sätze enthält. Um das Lernen zu erleichtern, werden gelegentlich die passenden Bilder mit entsprechender Nummerierung versehen. Auch mit Hilfe der Wortkärtchen kann Ihr Kind die neuen Wörter spielerisch entdecken und üben. Regen Sie Ihr Kind an, zunächst alleine herauszufinden, worum es bei den verschiedenen Aktivitäten geht, ehe Sie ihm die Auflösung verraten. Die Seite **Hinweise für Eltern** erläutert jeweils den Ablauf der Übung und gibt weiterführende Tipps und Spielvorschläge. Hier finden Sie auch die Lösungen zu jeder Aktivität.
Die Aktivitäten sind in Themengruppen zusammengefasst. Eine feste Reihenfolge ist meist nicht vorgesehen, einzelne Aktivitäten können je nach Lust und Laune oder Bedarf bearbeitet werden.

Außerdem finden Sie

- Bastelseiten mit ergänzenden Materialien zu einigen Aktivitäten
- Wortkärtchen mit Bildern zum spielerischen Lernen und Üben vieler wichtiger Wörter, auf stabilem Papier zum Herausschneiden
- eine thematisch geordnete Wortliste, die Ihrem Kind das Lernen von verwandten Wörtern und das Nachschlagen erleichtert
- eine Audio-CD

Lust auf mehr?

Auf den Seiten **Hinweise für Eltern** schlagen wir immer wieder zusätzliche Übungen vor. Hierzu finden Sie weiteres Material auf der CD.

Und jetzt viel Spaß mit Lucy, Fred und Fips!

Inhaltsverzeichnis

The right clothes

Kleidungsstücke und ihre Namen

In dieser Aktivität übt ihr Namen der verschiedenen Kleidungsstücke. Dafür müsst ihr die Namen den Kleidungsstücken zuordnen.

Zeitangabe

Utensilien

Lernort

Tipp Wortkärtchen und CD helfen euch, wenn ihr nicht weiter wisst!

Diese Aktivität kann gut mit der Aktivität ***Dressing Lucy and Fred*** kombiniert werden (▸ Seite 9).

The right clothes

It's January and very cold outside! Lucy and her brother Fred haben sich verkracht. Sie möchten gerne wegfahren, aber können sich nicht einigen **where. Fred wants to go skiing in Canada in the Rocky Mountains.** Lucy ist das **too cold** (1). Sie möchte nach **New Zealand**, das liegt auf der anderen Erdhalbkugel und da **it's summer in January and very warm** (2). Fips, **their dog**, kann nur kopfschüttelnd zuschauen. Die beiden schmollen jetzt und jeder packt seinen eigenen **suitcase** (3).

sandals ______________________ pullover ______________________

______________________ ______________________

______________________ ______________________

______________________ ______________________

______________________ ______________________

______________________ ______________________

Can you help them pack?

Schreibe die richtigen Kleidungsstücke in den Koffer.

1 Hinweise für Eltern

Zur Übung

Mit dieser Aktivität werden englische Bezeichnungen für Kleidungsstücke spielerisch eingeübt. Die Kinder „packen" Kleidungsstücke für warmes und kaltes Wetter in den richtigen Koffer – **suitcase**. Die Kinder müssen entscheiden, welche von den abgebildeten Kleidungsstücken für welches Reiseziel geeignet sind und dann die entsprechende englische Bezeichnung in Lucys oder Freds Koffer schreiben.

Tipp

Sollte Ihr Kind bei den Bezeichnungen noch sehr unsicher sein, können Sie zunächst einmal das Kleiderpuzzle zur Aktivität ***Dressing Lucy and Fred*** ausschneiden (▸ Seite 9). Dann können Sie gemeinsam mit Ihrem Kind die Bezeichnungen wiederholen oder sich auf der CD (Track 3) anhören.
Wenn Ihr Kind die Aufgabe bereits zum großen Teil allein bewältigt, können Sie das Basteln des Kleiderpuzzles auch als „Belohnung" nachschieben und damit gleichzeitig spielerisch die feinmotorischen Fähigkeiten Ihres Kindes trainieren.

englische Begriffe im Text

It's January and very cold outside –
Es ist Januar und sehr kalt draußen
Lucy and her brother Fred –
Lucy und ihr Bruder Fred
where – wo
Fred wants to go skiing in Canada in the Rocky Mountains – Fred möchte in Kanada in den Rocky Mountains Ski fahren.
too cold – zu kalt
New Zealand – Neuseeland
it's summer in January and very warm –
ist im Januar Sommer und es ist sehr warm
their dog – ihr Hund
suitcase – Koffer
Can you help them pack? –
Kannst du ihnen beim Packen helfen?

Lösung der Aufgabe

Fred's suitcase:
pullover, boots, trousers (or jeans), coat, gloves, scarf
Freds Koffer:
Pullover, Stiefel, Hose (oder Jeans), Mantel, Handschuhe, Schal

Lucy's suitcase:
sandals, swimsuit or bikini, shorts, t-shirt, sun hat, sun glasses
Lucys Koffer:
Sandalen, Badeanzug oder Bikini, Shorts, T-Shirt, Sonnenhut, Sonnenbrille

Dressing Lucy and Fred

Körperteile und Kleidungsstücke

In dieser Aktivität übt ihr die Namen von Körperteilen und Kleidungsstücken. Dabei könnt ihr Lucy und Fred beim Anziehen helfen.

Zeitangabe

at home

Lernort

Utensilien

Tipp Wortkärtchen und CD helfen euch, wenn ihr nicht weiter wisst!

Diese Aktivität ergänzt die Aktivität ***The right clothes*** (▸ Seite 5).

Dressing Lucy and Fred

Jeder Reisende weiß, wie wichtig es ist, für jedes **country** und jedes **weather** die richtigen Kleider zu haben. Egal ob es dort **warm** oder **cold** ist, du kannst Lucy und Fred immer richtig anziehen. Auf den ▸ Seiten 195 bis 198 findest du **clothes**, die man Lucy oder Fred anziehen kann. Die englischen Namen der Anziehsachen findest du auf dem Bild, der CD und den Wortkärtchen.

Zum Ausschneiden des Kleiderpuzzles auf ▸ Seite 195 brauchst du deine **scissors**.

„One moment, please!" ruft da Fips, der auch mitmachen will. **„Can you help me, please?** Welche Sachen zieht man denn wie an?" Fips ist ja mit seinem Fell immer richtig angezogen und weiß deshalb immer noch nicht so genau, wofür **clothes** eigentlich gut sind. Also Fips! Am besten erklärst du es ihm.

Die englischen Namen der Körperteile findest du auf dem Bild.

Trousers are for your ______________________.

A dress is for your ________________ and your ________________.

Trainers are for your ______________________.

A sun hat is for your ______________________.

A coat is for your __________________ and __________________.

A pullover is for your ________________ and __________________.

A hat is for your ______________________.

A scarf is for your ______________________.

Excuse me, Lucy und Fred haben immer noch nicht genug Klamotten? Warum bastelst Du ihnen nicht noch selber **a red dress, a flowery t-shirt, green shorts, a purple swimsuit, blue swimming trunks** – alles, was dir gerade so einfällt!

2 Hinweise für Eltern

Zur Übung

Diese Aktivität ist eine kombinierte Übung aus einer schriftlichen Einsetzübung und dem Basteln eines Lucy- und Fred-Kleiderpuzzles (▶ Seite 195), das beliebig kombiniert werden kann. Natürlich kann es passieren, dass dabei auch mal die Kleider von Lucy und Fred vertauscht werden! Hier übt Ihr Kind die englischen Bezeichnungen für Kleidungsstücke noch einmal und vertieft sie. Durch die Einsetzübung verdeutlicht sich Ihr Kind zusätzlich die entsprechenden Körperteile.

Schauen Sie sich gemeinsam mit Ihrem Kind die ▶ Seiten 195 bis 198 mit dem Kleiderpuzzle an. Lesen Sie sich gemeinsam die Kleidungsstücke und Körperteile durch und/oder hören Sie sie auf der CD (Track 3). Schneiden Sie das Puzzle aus und legen Sie es neben diese Übung. Nun kann Ihr Kind Fips helfen, indem es die Einsetzübung macht.
Das Kleiderpuzzle können Sie natürlich beliebig weiter verwenden. Ihr Kind kann sich außerdem zusätzliche Kleidungsstücke für Lucy und Fred ausdenken und diese zeichnen und mit Buntstiften, **crayons** (▶ CD-Track 18)ausmalen. Viel Spaß damit.

englische Begriffe im Text

country – Land
clothes – Kleider
warm – warm
weather – Wetter
scissors – Schere
cold – kalt
One moment, please! – einen Moment, bitte
Can you help me, please? – Kannst du mir bitte helfen?
clothes – Kleidungsstücke
Excuse me – Entschuldigung
a red dress – rotes Kleid
a flowery t-shirt – ein geblümtes T-Shirt
green shorts – grüne kurze Hosen
a purple swimsuit – ein lila Badeanzug
blue swimming trunks – eine blaue Badehose

englische Begriffe für die Übung

trousers – Hose
your – deine(r,s)
is for – ist für
are for – sind für
dress – Kleid
blouse – Bluse
trainers – Turnschuhe
coat – Mantel
cardigan – Strickjacke
hat – Hut
head – Kopf
neck – Hals
legs – Beine
sun hat – Sonnenhut
pullover – Pullover
boots – Stiefel
scarf – Schal
arms – Arme
belly – Bauch
feet – Füße

Lösung der Aufgabe

Trousers are for your legs.
A dress is for your belly and your arms.
Trainers are for your feet.
A sun hat is for your head.
A coat is for your belly and your arms.
A pullover is for your belly and your arms.
A hat is for your head.
A scarf is for your neck.

Head, shoulders, knees and toes

Körperteile und ihre Namen

In dieser Aktivität übt ihr die Namen einiger wichtiger Körperteile.

Ein Lied hilft euch dabei.

Zeitangabe

at home

Lernort

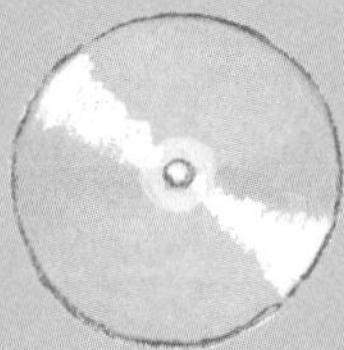

Utensilien

Tipp Wortkärtchen und CD helfen euch, wenn ihr nicht weiter wisst!

Diese Aktivität ergänzt die Aktivitäten ***The right clothes*** (▸ Seite 5) und ***Dressing Lucy and Fred*** (▸ Seite 9).

Head, shoulders, knees and toes

Du hast Fips die Sache mit den Kleidungsstücken und den Körperteilen in Aktivität 2 so gut erklärt, dass er unbedingt mit Lucy mehr über die Körperteile **in English** lernen möchte. Dazu gibt es **an English song**. Das Lied heißt **head, shoulders, knees and toes**. Du kannst es dir auf deiner CD (Track 5) anhören.
Aber aufgepasst, bei diesem Lied singst du nicht nur, sondern zeigst auch auf die einzelnen Körperteile. Außerdem lässt du bei jeder der fünf Strophen des Liedes einen Körperteil weg. Zeigen musst du jedoch trotzdem noch.
Phew! Ganz schön anstrengend. Lucy schwitzt schon.
▶ Kannst du es besser? **Yes? Ok, let's sing!**

1. Head, shoulders, knees and toes, knees and toes. (2x)

   And eyes and ears and mouth and nose. Head, shoulders, knees and toes, knees and toes.

2. ------, shoulders, knees and toes, knees and toes. (2x)

   And eyes and ears and mouth and nose. ------ , shoulders, knees and toes, knees and toes.

3. ------, ------------, knees and toes, knees and toes. (2x)

   And eyes and ears and mouth and nose. ------, ------------, knees and toes, knees and toes.

4. ------, ------------, ------- and toes, ------- and toes. (2x)

   And eyes and ears and mouth and nose. ------, ------------, ------- and toes, ------- and toes.

5. ------, ------------, ------- ---- -----, ------- ---- -----. (2x)

   And eyes and ears and mouth and nose. ------, ------------, ------- ---- -----, ------- ---- -----.

3 Hinweise für Eltern

Zur Übung

Mit dieser kombinierten Konzentrations- und Bewegungsübung kann man nicht nur sehr viel Spaß haben, sondern auch gleichzeitig die Namen einiger wichtiger Körperteile vertiefen und festigen. Hören Sie sich das Lied auf der CD (Track 5) gemeinsam mit Ihrem Kind an und zeigen Sie dabei auf die einzelnen Körperteile. Sobald Sie die Melodie im Ohr haben, sollten Sie versuchen, das Lied selber zu singen, wobei Sie bei jeder Strophe immer ein Element mehr weglassen (siehe Aktivität).

Tipp

Machen Sie einen kleinen Wettstreit aus dieser Übung. Wer ist fitter und kann sich besser konzentrieren, Sie oder Ihr Kind? Sie können auch die Geschwindigkeit beim Singen steigern. Mal sehen, wie schnell man singen und zeigen kann, ohne sich und seine Zunge völlig zu verknoten.

englische Begriffe im Text

in English – auf Englisch
an English song – ein englisches Lied
phew! – puh!
yes – ja
let's sing – lass uns singen

Übersetzung des Liedes

Kopf, Schultern, Knie und Zehen, Knie und Zehen. (2x)
Augen und Ohren, und Mund und Nase.
Kopf, Schultern, Knie und Zehen, Knie und Zehen.

Let's make weather!

Das Wetter

In dieser Aktivität übt ihr, wie man das Wetter beschreibt. Ein Spiel hilft euch dabei.

Zeitangabe

at home

Lernort

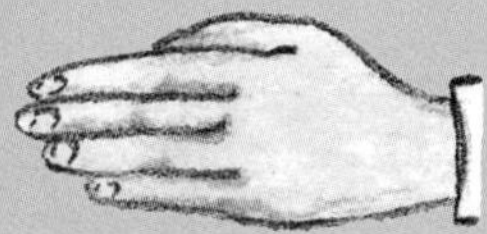

Utensilien

Tipp Wenn ihr eine Handtrommel habt, könnt ihr sie hier gut brauchen.
Wortkärtchen und CD helfen euch, wenn ihr nicht weiter wisst!

Let's make weather!

Wetter ist wichtig, besonders im Urlaub, **isn't it**? Die Engländer sind bekannt dafür, dass sie gerne und viel über das Wetter reden, denn auf den Britischen Inseln kann sich **the weather** immer sehr schnell ändern. Aber auch in anderen Ländern ist das Wetter wichtig. Bestimmt hast du schon Filme gesehen, in denen **Native Americans** (1) Regentänze oder Sonnentänze tanzen, um **rain** (2) oder **sun** (3) herbeizubitten.

Also, warum machen wir's nicht genauso? Einer gibt die Kommandos auf Englisch, der andere macht die dazugehörigen Handbewegungen. Und gut aufpassen, dass ihr möglichst lange keinen Fehler macht, sonst werden die Rollen getauscht!

die offene Hand beschreibt den Sonnenkreis am Horizont

eine Faust bilden und vor die „Sonne" schieben

mit den Zeigefingern leicht auf den Beinen trommeln

mit allen Fingern trommeln

mit den Fingern wackeln, dabei bewegen sich die Hände auf und ab

die offenen Hände gleiten von oben nach unten hin und her

die Handkante zerschneidet in Blitzform die Luft

mit den Füßen auf den Boden trommeln

pusten

die Faust von der „Sonne" wegschieben

4 Hinweise für Eltern

Zur Übung

Oft bleiben Inhalte besonders gut im Gedächtnis, wenn sie mit Bewegung verknüpft werden.
Bei diesem Wetterspiel sehen Sie sich zuerst die Bilder mit den Anweisungen gemeinsam mit Ihrem Kind an und üben die Worte und Bewegungen ein (CD-Track 6). Dann nehmen Sie oder Ihr Kind das Blatt so, dass der/die andere es nicht sehen kann, und lesen die „Wetterberichte" einzeln vor. Der/die jeweils andere muss die dazugehörige Bewegung machen. Macht er/sie die falsche Bewegung wird gewechselt. Die Regengeräusche machen übrigens noch mehr Spaß, wenn man sie (z. B. auf einer Tischplatte oder auf einer Handtrommel) richtig hört.
Alternative:
Sie können sich die Wetterlagen auch gemeinsam auf der CD anhören und beide die Bewegungen machen. Für Fehler können Sie sich eine lustige Strafe ausdenken, die nach der Übung zu absolvieren ist. So z. B. pro Fehler ein Liegestütz – **a push-up**/ein Purzelbaum – **a somersault**/einmal auf den Stuhl steigen – **stand on your chair ...** – Ihrer Fantasie sind keine Grenzen gesetzt.

Landeskundlicher Tipp 

Ebenso wie im Deutschen spricht man auch im Englischen von „Indianern", also **Indians** oder auch **Red Indians.** Diese Begriffe sind immer noch sehr geläufig, werden aber inzwischen von vielen als herabsetzend empfunden, so dass es sich eingebürgert hat, so wie in unserem Text von den „Ureinwohnern Amerikas", den **Native Americans**, zu sprechen. Diese Sprachregelung gilt in abgewandelter Form auch für andere ethnische Minderheiten. So spricht man z. B. statt von **„blacks** – Schwarzen" von **„African Americans** – afrikanischen Amerikanern".

englische Begriffe im Text

isn't it – oder nicht?
the weather – das Wetter
Native Americans – Ureinwohner Amerikas
rain – Regen
sun – Sonne

Begriffe im Wetterspiel

the sun is shining – die Sonne scheint
here's a cloud – hier kommt eine Wolke
it's drizzling – es nieselt
it's raining – es regnet
it's pouring – es gießt
it's snowing – es schneit
now there's lightning – jetzt blitzt es
and thunder – und donnert
the wind is blowing – der Wind weht
and blows away the cloud – und weht die Wolke weg

Be prepared!

Die richtige Kleidung für jedes Wetter

In dieser Aktivität beschreibt ihr das Wetter. Dabei müsst ihr das Wetter, das zu den verschiedenen Kleidungsstücken passt, aufschreiben und gleichzeitig ein Wörterrätsel lösen.

Zeitangabe

at home

Lernort

Utensilien

Tipp Wortkärtchen und CD helfen euch, wenn ihr nicht weiter wisst!

Diese Aktivität passt gut zu der Aktivität ***Let's make weather*** (▸ Seite 17).

Be prepared!

Es ist wichtig, dass man für jedes Wetter **the right clothes** hat. Lucy ist dafür Spezialistin. Sie ist für jedes **weather** immer richtig angezogen. Kannst du anhand ihrer **clothes** erkennen, was draußen gerade für ein Wetter ist?

		5	

Schreibe das Wetter, das zu dem Bild gehört, in das dazugehörige Kästchen. Wenn du die Wetterwörter noch nicht alle kennst, helfen dir die Wortkärtchen weiter!

	1		

	7			8		9

and

10				11				12

6			

2					3		4

In den Kästchen stehen übrigens Zahlen in einzelnen Buchstabenfeldern. Wenn du sie in in die untenstehenden Buchstabenfelder überträgst, erhältst du einen Lösungssatz, den Lucy sofort unterschreiben würde.

There is no

12	5	5	8

or

B	1	8

6	4	1	11	7	4	9

only the

9	3	12	7	11

C	10	5	11	7	4	2

5 Hinweise für Eltern

Zur Übung

In diesem Rätsel wird Ihr Kind dazu angeregt, sein Wissen über das englische Wetter zu aktivieren und einzusetzen. Das Kreuzworträtsel mit dem zu erarbeitenden Lösungssatz wirkt dabei als Motivation.
Falls Ihr Kind dieses Vokabular noch nicht beherrscht, sollten Sie sich zuerst die Wortkärtchen zum Thema Wetter gemeinsam anschauen. Im Idealfall füllt Ihr Kind die Kästchen dann aus dem Kopf aus. Sollte das Vokabular ganz neu sein, können Sie aber auch die Wortkärtchen daneben legen und so das Rätsel erarbeiten.
Die Zahlen in den einzelnen Buchstabenfeldern markieren die Buchstaben, die unten in den englischen Lösungssatz einzutragen sind.

Tipp

Ein weiteres Spiel zum Thema Wetter finden Sie in der Aktivität ***Let's make weather*** auf ▶ Seite 17.

englische Begriffe im Text

the right clothes – die richtige Kleidung
weather – Wetter
clothes – Kleidung, Kleider

englische Begriffe im Bild

gloves – Handschuhe
scarf – Schal
umbrella – Regenschirm
wellies – Gummistiefel
slippers – Pantoffeln
hat – Hut
kite – Drachen
sunglasses – Sonnenbrille
bikini – Bikini
swimming trunks – Badehose

Lösung der Aufgabe

1.	**snow**	5 = O
2.	**rain**	1 = A
3.	**wind**	6 = W
4.	**thunder and lightning**	7 = H, 8 = D, 9 = R, 10 = L, 11 = T, 12 = G
5.	**sunshine**	2 = S, 3 = I, 4 = E

Lösungssatz:
There is no good or bad weather, only the right clothes!

Where did they go?

Verkehrsmittel und ihre Namen

In dieser Aktivität übt ihr die Namen der wichtigsten Verkehrsmittel. Dazu müsst ihr die Buchstaben der einzelnen Wörter in die richtige Reihenfolge bringen.

Zeitangabe

Lernort

Utensilien

Tipp Wortkärtchen und CD helfen euch, wenn ihr nicht weiter wisst!

Diese Aktivität bildet zusammen mit ***Pack Lucy's suitcase*** (▶ Seite 29), ***How did they get there?*** (▶ Seite 33), ***Staying in touch*** (▶ Seite 37) und ***New friends*** (▶ Seite 41) eine kleine Geschichte. Wenn ihr Lust habt, könnt ihr mit diesen Aktivitäten weitermachen.

Where did they go?

Fred ist ein **sleepyhead**, ein alter Langschläfer. Eigentlich wollte er heute morgen mit Lucy und Fips zusammen in den Urlaub fahren. **But he woke up much too late. Again!** Deshalb sind Lucy und Fips einfach schon losgefahren. Oh weh! Aber sie haben ihm einige **clues** (also Hinweise) hinterlassen, damit er weiß, wohin sie gefahren sind. **The first clue is in the bathroom. Come on, let's help Fred!**

hips ________________

lepan ________________

usb ________________

Findet ihr heraus, mit welchen Verkehrsmitteln Lucy und Fips gefahren sind? Die beiden haben sie für Fred aufgeschrieben, aber die Buchstaben durcheinandergebracht.

rac ______________

beik ______________

nirat ______________

mart ______________

6 Hinweise für Eltern

Zur Übung

Diese Aktivität ist die erste aus einer Reihe, die aus insgesamt fünf Aktivitäten besteht (▸ Seite 25 bis Seite 44) und die zusammen eine kleine Geschichte bilden. Fred muss herausbekommen, wohin Lucy und Fips gefahren sind. Ohne die Hilfe Ihres Kindes wird er das natürlich nicht schaffen.
In dieser Aktivität verfestigt Ihr Kind sein Wissen über Verkehrsmittel. Die Zeichnungen und die durcheinandergebrachten Wörter leiten Ihr Kind dabei noch verhältnismäßig stark. In der folgenden Aktivität gilt es dagegen schon, dieses Wissen wesentlich freier einzusetzen.

Hinweis

Wenn Ihr Kind eine Lese-Rechtschreib-Schwäche hat, sollten Sie die Purzelwörter-Übung auf der Kinderseite auslassen. Sie können stattdessen (mit Hilfe der Wortkärtchen und der CD, falls nötig) den folgenden Übungs-Tipp ausprobieren.

Tipp

Erinnern Sie sich doch einmal gemeinsam mit Ihrem Kind an Ihre letzte Urlaubsreise. Welche Verkehrsmittel haben Sie benutzt? Lassen Sie Ihr Kind diese auf Englisch aufzählen. Folgendes sprachliches Material hilft Ihnen dabei:

First we went by bus / train / plane etc. – Zuerst sind wir mit dem Bus / dem Zug / dem Flugzeug usw. gefahren / geflogen.
Then we went by … – Dann sind wir mit … gefahren / geflogen.
We went home by … – Wir sind mit … nach Hause gefahren / geflogen.

englische Begriffe im Text

sleepyhead – Langschläfer
But he woke up much too late – aber er ist viel zu spät aufgewacht
Again! – Schon wieder!
clue, clues – Hinweis, Hinweise
The first – der erste
is – ist
in the bathroom – im Badezimmer
Come on, let's help Fred! – Los, lass uns Fred helfen!

Lösung der Aufgabe

hips – ship
usb – bus
kibe – bike
nirat – train
rac – car
lepan – plane
mart – tram

Pack Lucy's suitcase

Was ist im Koffer?

Hier übt ihr die Namen von Sachen, die man im Urlaub braucht. Dazu müsst ihr im Buchstabenrätsel die Wörter herausfinden, die zu den Bildern passen.

Zeitangabe

Lernort

Utensilien

Tipp Die Wortkärtchen helfen euch, wenn ihr nicht weiter wisst.

Diese Aktivität ist die zweite in einer Reihe von fünf Aktivitäten, die zusammen eine kleine Geschichte erzählen. Weiter geht es mit ***How did they get there?*** (▶ Seite 33).

Pack Lucy's suitcase

Lucy und Fips sind an ihrem Urlaubsort angekommen. **Now they're waiting for Fred. But** als Lucy **her suitcase** auspacken möchte, stellt sie fest, dass Fips alle Sachen hinausgeworfen hat, weil er seinen Schwimmring gesucht hat. **Oh, no! Can you help Lucy tidy up this mess?** In der Buchstabentabelle rechts findest du die Namen der 15 Gegenstände. Die Wörter sind vorwärts oder rückwärts zu lesen – entweder waagerecht →, senkrecht ↓ oder diagonal ↙ ↘.

▶ Male einen Kringel um jedes Wort und verbinde es mit dem entsprechenden Gegenstand. **Let's see how many you can find.**

S	U	N	G	L	A	S	S	E	S	X	T
S	U	N	C	R	E	A	M	Y	B	O	S
S	Z	U	R	I	Q	X	C	L	O	B	H
S	T	A	B	U	C	K	E	T	V	M	I
P	S	R	A	E	W	S	H	N	A	O	R
A	A	D	O	F	A	B	U	P	K	N	T
D	N	O	O	H	R	C	Z	A	W	E	J
E	D	P	F	U	S	V	H	N	I	Y	X
C	A	E	S	V	H	S	U	B	O	O	K
Y	L	H	U	T	E	D	D	Y	A	Q	W
E	S	W	I	M	S	U	I	T	Z	L	O
H	S	Y	A	E	L	K	T	O	W	E	L

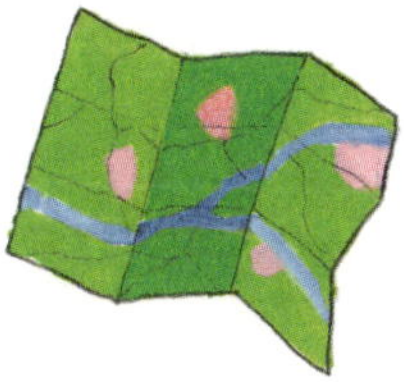

7 Hinweise für Eltern

Zur Übung

Besprechen Sie mit Ihrem Kind zunächst die Bilder, damit Sie wissen, wie viele Wörter Ihr Kind davon schon kennt. Die unbekannten Wörter können Sie dann mit Hilfe der Wortkärtchen erarbeiten oder die Wortkärtchen bei der Suche sogar daneben legen.

englische Begriffe im Text

Now they're waiting for Fred –
Jetzt warten sie auf Fred
but – aber
her suitcase – ihren Koffer
Oh, no! – Oh, nein!
Can you help Lucy tidy up this mess? –
Kannst du Lucy helfen, diese Unordnung aufzuräumen?
Let's see how many you can find – Lass mal sehen, wie viele du finden kannst

Lösung der Aufgabe

waagerecht:
sunglasses – Sonnenbrille
suncream – Sonnencreme
bucket – Eimer
book – Buch
teddy – Teddy
swimsuit – Badeanzug
towel – Handtuch

senkrecht:
spade – Spaten
sandals – Sandalen
money – Geld
t-shirt – T-Shirt

diagonal:
shorts – Shorts
(beach) ball – (Wasser)ball
toothbrush – Zahnbürste
map – Landkarte

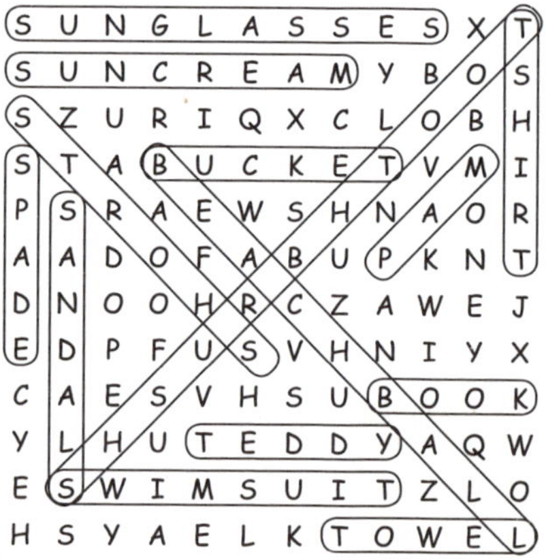

How did they get there?

Verschiedene Verkehrsmittel

In dieser Aktivität müsst ihr erraten, welche Verkehrsmittel Lucy und Fips benutzt haben. Dazu malt ihr sie in das richtige Kästchen und schreibt den Namen dazu.

Zeitangabe

Lernort

Utensilien

Tipp Wortkärtchen und CD helfen euch, wenn ihr nicht weiter wisst!

Diese Aktivität ist nach ***Where did they go?*** (▶ Seite 25) und ***Pack Lucy's suitcase*** (▶ Seite 29) die dritte in einer Reihe von fünf, die zusammen eine kleine Geschichte erzählen. Weiter geht es mit ***Staying in touch*** (▶ Seite 37).

How did they get there?

Den nächsten **clue** findet Fred erst nach ein paar Tagen **in his room**. Jaja, wenn da nur nicht immer so eine **mess** wäre! Lucy und Fips haben fast alle Verkehrsmittel benutzt, die es gibt. Fred soll sie nun mit Hilfe der Bilder erraten. **Oh dear, there is Fred's mother. She tells him to tidy up his room.** Er hat jetzt keine Zeit.

Let's help him. Male in jedes Bild das richtige Verkehrsmittel und schreibe das englische Wort in das Kästchen. Einige Buchstaben sind nummeriert. Schreibe sie in das Lösungskästchen und du findest heraus, in welchem Land Fips und Lucy sind.

	8		

	2	

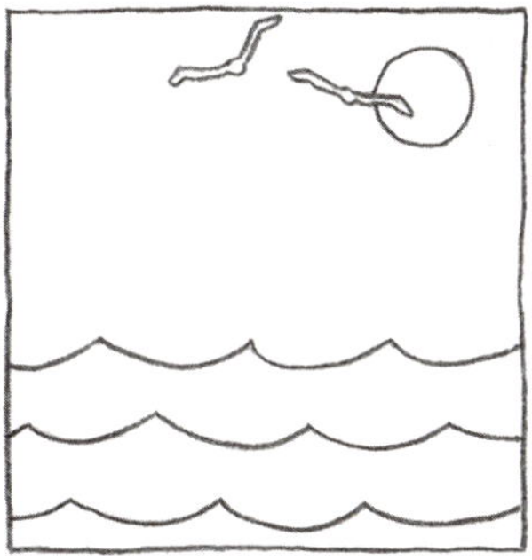

3			

	7	6		

4	5			

	9	

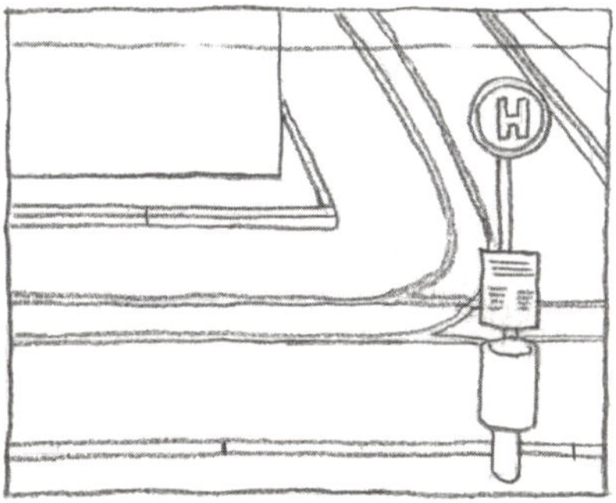

		1	

Lösung:

1	2	3	4	5	6	7	8	9

8 Hinweise für Eltern

Zur Übung

Die Verkehrsmittel aus den Aktivitäten ***Where did they go?*** und ***How did they get there?*** werden hier noch einmal wiederholt und vertieft. Die intensive Beschäftigung mit dem sprachlichen Material durch die selbstständige Erarbeitung der Wörter sowie das Zeichnen dienen als Gedächtnisstütze.
Hier sind nicht mehr die Verkehrsmittel direkt abgebildet, sondern die Wege, auf denen sie fahren. Ihr Kind soll dem etwas schusseligen und unordentlichen Fred helfen, indem es die entsprechenden Verkehrsmittel sowohl einzeichnet als auch die richtigen englischen Begriffe darunter schreibt. Die so erarbeiteten Buchstaben ergeben in der richtigen Reihenfolge das Urlaubsland von Lucy und Fips. Falls Ihr Kind möchte, kann es die Bilder auch noch ausmalen.

Tipp

Sollte Ihr Kind den englischen Begriff für ein Verkehrsmittel nicht parat haben, sagen Sie ihm nicht vor, sondern verweisen Sie es auf die Aktivität ***Where did they go?*** (▶ Seite 25), so dass es sich die Lösung selbst erarbeiten kann.

englische Begriffe im Text

clue – Hinweis
in his room – in seinem Zimmer
mess – Unordnung
Oh dear, there is Fred's mother – Oje, da ist Freds Mutter
She tells him to tidy up his room – Sie sagt ihm, dass er sein Zimmer aufräumen soll
Let's help him. – Lass uns ihm helfen

Lösung der Aufgabe

1. **bike**	8 = I
2. **bus**	2 = U
3. **ship**	3 = S
4. **plane**	7 = L, 6 = A
5. **train**	4 = T, 5 = R
6. **car**	9 = A
7. **tram**	1 = A

Lösungswort: **Australia**

Staying in touch

Ein englischer Brief

In dieser Aktivität schreibt ihr einen Brief auf Englisch. Dabei könnt ihr aus verschiedenen Möglichkeiten aussuchen, was ihr schreiben möchtet.

Zeitangabe

at home or on holiday

Lernort

Utensilien

Tipp

Ihr findet den Brief noch einmal vergrößert zum Ausschneiden oder Kopieren auf ▶ Seite 199. Ihr könnt ihn zum Beispiel mit in den Urlaub nehmen.

Diese Aktivität ist nach ***Where did they go?***, (▶ Seite 25) ***Pack Lucy's suitcase*** (▶ Seite 29) und ***How did they get there?*** (▶ Seite 33) die vierte in einer Reihe von fünf, die zusammen eine kleine Geschichte erzählen. Weiter geht es mit ***New friends*** (▶ Seite 41).

Staying in touch

Weiter weg konnten Lucy und Fips nun wirklich nicht sein. **Australia, the land of the kangaroo and the koala!** Aber die Adresse hat Fred damit natürlich leider noch nicht.
Oh, listen! Es läutet an der Tür. **It's the postman with a letter** (c) from Lucy and Fips. Zum Glück haben sie daran gedacht **to write their address on the envelope** (d). Nun kann die Reise für Fred endlich losgehen.

Aber was ist mit dir? Möchtest du nicht auch einmal **a letter** (c) **in English** schreiben? Lucy war ganz schlau und hat sich einen Brief (siehe auch Seite 199) für fast alle Gelegenheiten vorgeschrieben. **Good idea!** Den kannst du auch benutzen, wenn du einem Freund oder einer Freundin einen englischen Brief aus dem Urlaub schreiben möchtest.
Nimm **pen** (a) und **paper** (b) und **here we go!**

Hi ________,

How are you? I'm fine. I'm on holidays in ________.
The weather is (1) ________.
(2) ________.
I (3) ________ the food here. My favourite dish is ________. We have visited (4) ________ places.
We went to ________.
I'm having a (5) ________ time here.
I don't miss school at all, but I miss you.
See you soon,
bye.

________.

(1) fine / soso / awful

(2) It's raining / It's cloudy / The sun is shining

(3) like / don't like / hate

(4) lots of / a few/ very few

(5) great / boring / horrible

9 Hinweise für Eltern

Zur Übung

Auch wenn Sie gerade nicht im Urlaub sein sollten, können Sie diese Aktivität mit Ihrem Kind schon besprechen und einen Fantasiebrief erstellen. Fragen Sie es, wem es von wo schreiben möchte und überlegen Sie gemeinsam, was man einsetzen könnte. Vielleicht nehmen Sie einen realen Urlaub zur Grundlage.
Sie können stattdessen auch die Briefvorlage auf ▶ Seite xxx ausschneiden oder kopieren. Nehmen Sie diesen Brief mit in den nächsten Urlaub. Dann kann Ihr Kind jemanden damit überraschen, der auch Englisch kann.

englische Begriffe im Text

Australia, the land of the kangaroo and the koala! – Australien, das Land von Känguru und Koala
Oh, listen! – Oh, hör mal!
It's the postman with a letter from Lucy and Fips – Es ist der Briefträger mit einem Brief von Lucy und Fips.
to write their address on the envelope – ihre Adresse auf den Briefumschlag zu schreiben
a letter in English – einen Brief auf Englisch
Good idea! – Gute Idee!
pen – Füllhalter
paper – Papier
here we go! – los geht's!

englische Wörter zum Einsetzen in den Brief

fine – gut
soso – so lala
awful – schrecklich
It's raining – Es regnet
It's cloudy – Es ist bewölkt
The sun is shining – Die Sonne scheint.
like – mögen
don't like – nicht mögen
hate – hassen
lots of – viele
a few – ein paar
very few – sehr wenige
great – großartig
boring – langweilig
horrible – schrecklich

Brieftext

Hi ___(Name)___,
wie geht es dir? Mir geht es gut. Ich bin im Urlaub in ___(Ort/Land)___.
Das Wetter ist (1) ___gut/so lala/schrecklich___. (2) ___Es regnet/Es ist bewölkt/Die Sonne scheint___.
Ich (3) ___mag/mag nicht/hasse___ das Essen hier. Mein Lieblingsessen ist __________.
Wir haben (4) ___viele/ein paar/sehr wenige___ Orte besucht. Wir sind nach __________ gefahren. Ich verlebe hier eine (5) ___großartige/langweilige/schreckliche___ Zeit.
Die Schule vermisse ich überhaupt nicht, aber ich vermisse dich.
Bis bald,
tschüss ___(eigener Name)___

New friends

Die Farben

In dieser Aktivität übt ihr die englischen Namen der Farben. Wenn ihr die Fragen richtig beantwortet, helfen euch die Ergebnisse beim Ausmalen und ihr lernt Lucys und Fips' neue Freunde kennen.

Zeitangabe

at home or on holiday

Lernort

Utensilien

Tipp Diese Übung könnt ihr auch sehr gut auf einer langen Autofahrt oder im Urlaub machen.

Diese Aktivität schließt eine Reihe von fünf Aktivitäten ab, die zusammen eine kleine Geschichte erzählen. Weitere Aktivitäten zum Üben der Farben sind ***At the end of the rainbow*** (▸ Seite 61), ***A world of colour*** (▸ Seite 65) und ***Catch a colour*** (▸ Seite 99). Viel Spaß damit!

New friends

Endlich ist Freds Reise zu Ende und er ist bei Lucy und Fips angekommen. Alle freuen sich riesig. **Lucy and Fips have made new friends** und möchten sie Fred gerne vorstellen. Die neuen Freunde sind allerdings ein bisschen schüchtern und wollen sich noch nicht sofort zeigen.

Du wirst sie aber sicher gleich entdecken, wenn du die nummerierten Fächer im Bild ausmalst. Die Fragen helfen dir dabei, die richtigen Farben dafür herauszufinden.

What colour is a tomato / a fire engine? ____________ (1)

What colour is the sky? ____________ (2)

What colour is grass / a frog / a leprechaun? ____________ (3)

What colour is the sun? ____________ (4)

What colour is fog / are stones / is a donkey? ____________ (5)

What colour is a bear? ____________ (6)

What colour is Fips' nose / the night? ____________ (7)

What colour is milk / snow / paper? ____________ (8)

What colour is a pumpkin / the leprechauns' house? ____________ (9)

What colour is a king's coat / the inner side of Lucy's rainbow

(▸ Seite 61)? _______________ (10)

10 Hinweise für Eltern

Zur Übung

Nach der intensiven Suche nach Fred haben Sie und Ihr Kind sich nun etwas Zeit zum Entspannen verdient. Diese Aktivität trainiert auf spaßige Weise die Fingerfertigkeit und wiederholt ganz nebenbei auch die Farben. Ihr Kind erarbeitet sich durch das Beantworten der Fragen die Farben zum Ausmalen des Bildes. Aus dem ausgemalten Bild schauen am Schluss ein Koalabär und ein Känguru heraus.

Landeskundlicher Tipp

Durch den Inselcharakter des australischen Kontinents hat Australien eine einzigartige und ganz eigentümliche Tierwelt. Nur hier gibt es die berühmten Beuteltiere wie Känguru und Koala, die ihre Kinder nicht im Bauch austragen wie die Säugetiere, sondern sie nach der Geburt in einer Hauttasche mit sich herumtragen, bis sie alleine lebensfähig sind. Auch das Schnabeltier, ein eierlegendes Säugetier, gibt es nur auf diesem Kontinent.
Australien hat übrigens auch die giftigste Tierwelt. Neun von zehn Giftschlangen weltweit sind in Australien beheimatet.

Suchen Sie im Internet mit einer Suchmaschine z. B. nach dem Begriff „Australian animals", und schauen Sie, welche Tiere Sie dort noch entdecken können.

englische Begriffe im Text

Lucy and Fips have made new friends – Lucy und Fips haben neue Freunde gefunden

Lösung: Fragen zu den Farben

1. **Red.** – Welche Farbe hat eine Tomate / ein Feuerwehrauto? Rot.
2. **Blue.** – Welche Farbe hat der Himmel? Blau.
3. **Green.** – Welche Farbe hat Gras / ein Frosch / ein Leprechaun? Grün.
4. **Yellow.** – Welche Farbe hat die Sonne? Gelb.
5. **Grey.** – Welche Farbe hat Nebel / haben Steine / hat ein Esel? Grau.
6. **Brown.** – Welche Farbe hat ein Bär? Braun.
7. **Black.** – Welche Farbe hat Fips' Nase / die Nacht? Schwarz.
8. **White.** – Welche Farbe hat Milch / Schnee / Papier? Weiß.
9. **Orange.** – Welche Farbe hat ein Kürbis / das Haus der Leprechauns? Orange.
10. **Purple.** – Welche Farbe hat ein Königsmantel / die Innenseite von Lucys Regenbogen? Purpurrot oder auch Violett.

English spoken

Englisch rund um die Welt 1

Hier lernt ihr Länder und deren Hauptstädte auf der ganzen Welt kennen, in denen Englisch gesprochen wird. Aber welches Bild gehört wohl zu welchem Land?

Zeitangabe

at home

Lernort

Utensilien

Tipp Wortkärtchen und CD helfen euch, wenn ihr nicht weiter wisst.

Diese Aktivität ist die erste in einer Reihe von drei für **highflyer**, für Überflieger. Wenn ihr Lust habt, könnt ihr gleich mit ***The capitals quiz*** (▶ Seite 49) und ***A map of the world*** (▶ Seite 53) weitermachen.

English spoken

Fred und Lucy sprechen **at school** gerade über **countries** (Länder), in denen man **English** spricht. Und diese Länder sind über die ganze Welt verteilt. Lucy und Fred haben sich Informationen zu **eight countries** besorgt. Leider fand Fips das alles auch **very interesting** und hat in den Blättern der beiden herumgeschnüffelt. Jetzt ist alles durcheinander und **Lucy und Fred haven't got their homework for tomorrow. Let's help them!**

▶ Kannst du die **pictures** dem jeweils richtigen **country** zuordnen?

Ireland

2

kangaroo

didgeridoo

1

steel drum

bananas

3

bagpipes

Highland cow

4
sitar
tiger
Scotland
Edinburgh
England
London
5
lion
African drum
the USA
Washington D.C.
6
harp
leprechaun
7
banjo
grizzly bear
1
Kingston
Jamaica
Pretoria
South Africa
8
Tower of London
Royal Guard
New Delhi
India

11 Hinweise für Eltern

Zur Übung

Diese Aktivität zusammen mit den Aktivitäten ***A capitals quiz*** (▶ Seite 49) und ***A map of the world*** (▶ Seite 53) vermittelt Ihrem Kind ein Gefühl für das Englische als Weltsprache. Die Bilder werden durch Nummern den jeweiligen Ländern zugeordnet. Machen Sie Ihr Kind auch auf die Hauptstädte aufmerksam, denn die werden in der nächsten Aktivität noch gebraucht.

Landeskundlicher Tipp

Wussten Sie, dass Englisch weltweit in mehr als 70 Ländern, allerdings oft neben anderen Sprachen, gesprochen wird? Jeder vierte Mensch auf der Welt spricht mehr oder weniger gut Englisch – und Ihr Kind ist einer davon!

englische Begriffe im Text

highflyer – Überflieger
at school – in der Schule
country, -ies – Land, Länder
English – Englisch
eight countries – acht Länder
very interesting – sehr interessant
haven't got their homework for tomorrow – haben ihre Hausaufgabe für morgen nicht
Let's help them! – Lass uns ihnen helfen!
pictures – Bilder

Lösung der Aufgabe

1. **steel drum, bananas – Jamaica**
2. **kangaroo, didgeridoo – Australia**
3. **Highland cow, bagpipes – Scotland**
4. **sitar, tiger – India**
5. **African drum, lion – South Africa**
6. **harp, leprechaun – Ireland**
7. **grizzly bear, banjo – the USA**
8. **Royal Guard, Tower of London – England**

1. Steeldrums, Bananen – Jamaika
2. Känguru, Didgeridoo – Australien
3. Hochlandrind, Dudelsack – Schottland
4. Sitar, Tiger – Indien
5. afrikanische Trommel, Löwe – Südafrika
6. Harfe, Leprechaun – Irland
7. Grizzlybär, Banjo – USA
8. Königliche Palastwache, Tower – England

The capitals quiz

Englisch rund um die Welt 2

Hier übt ihr die Namen von Ländern auf der ganzen Welt, in denen Englisch gesprochen wird. Welches Land gehört wohl zu welcher Hauptstadt?

Zeitangabe

at home

Lernort

Utensilien

Tipp Die Wortkärtchen helfen euch, wenn ihr nicht weiter wisst.

Diese Aktivität ist die zweite in einer Reihe von drei für **highflyer** (Überflieger). Wenn ihr Lust habt, könnt ihr gleich mit ***A map of the world*** (▶ Seite 53) weitermachen.

The capitals quiz

Lucy ist ein kleiner **highflyer** – jemand, der gerne alles ganz genau weiß. Fred nennt das **the teacher's pet**, wenn er Lucy ärgern möchte. Lucy hat also nicht nur **her homework** erledigt, sondern auch gleich noch **the capitals** (die Hauptstädte) der acht Länder auswendig gelernt. Wir wollen uns doch von Lucy nichts vormachen lassen, **do we?** Schließlich, **we did our homework, too.**

Weißt du noch, welche **countries** zu welchen **capitals** gehören?
The eight countries are: Australia, England, India, Ireland, Jamaica, Scotland, South Africa, and the USA.

Canberra is the capital of ____________________

Edinburgh is the capital of ____________________

Dublin is the capital of ____________________

London is the capital of the United Kingdom and of England

Pretoria is the capital of ____________________

New Delhi is the capital of ____________________

Kingston is the capital of ____________________

Washington, DC is the capital of the ____________________

12 Hinweise für Eltern

Zur Übung

Diese Übung greift die Informationen aus Aktivität 11 noch einmal auf. Hier soll Ihr Kind die Namen der Hauptstädte den jeweiligen Ländern zuordnen. Lassen Sie es erst einmal tüchtig grübeln, bevor es die Ergebnisse in Aktivität 11 vergleichen darf.

Landeskundlicher Tipp

The United Kingdom – das Vereinigte Königreich von Großbritannien und Nordirland besteht aus insgesamt vier Ländern: England, Wales, Schottland und Nordirland. Die Hauptstadt von allen vier Ländern zusammen ist London. Aber jedes Land hat auch eine eigene Flagge und eine eigene Hauptstadt (die Hauptstadt von Wales ist übrigens Cardiff). Schottland hat sogar ein eigenes Parlament.

englische Begriffe im Text

highflyer – Überflieger(in)
the teacher's pet – Lehrerliebling
her homework – ihre Hausaufgaben
the capitals – die Hauptstädte
do we? – oder?
we did our homework, too – wir haben auch unsere Hausaufgaben gemacht
countries – Länder
The eight countries are – die acht Länder sind (siehe Lösung der Aufgabe)

Lösung der Aufgabe

Canberra is the capital of Australia –
Canberra ist die Hauptstadt von Australien
Edinburgh is the capital of Scotland –
Edinburgh ist die Hauptstadt von Schottland
Dublin is the capital of Ireland –
Dublin ist die Hauptstadt von Irland
London is the capital of the United Kingdom and of England –
London ist die Hauptstadt von dem Vereinigten Königreich und von England
Pretoria is the capital of South Africa –
Pretoria ist die Hauptstadt von Südafrika
New Delhi is the capital of India –
Neu-Delhi ist die Hauptstadt von Indien
Kingston is the capital of Jamaica –
Kingston ist die Hauptstadt von Jamaika
Washington, DC is the capital of the USA
– Washington ist die Hauptstadt der USA

A map of the world

Englisch rund um die Welt 3

Hier seht ihr, wo überall auf der Welt Englisch gesprochen wird. Um die Karte zu vervollständigen, müsst ihr die Hauptstädte der angegebenen Länder eintragen.

Zeitangabe

at home

Lernort

Utensilien

Diese Aktivität schließt eine Reihe von drei Aktivitäten für **highflyer** (Überflieger) ab.

A map of the world

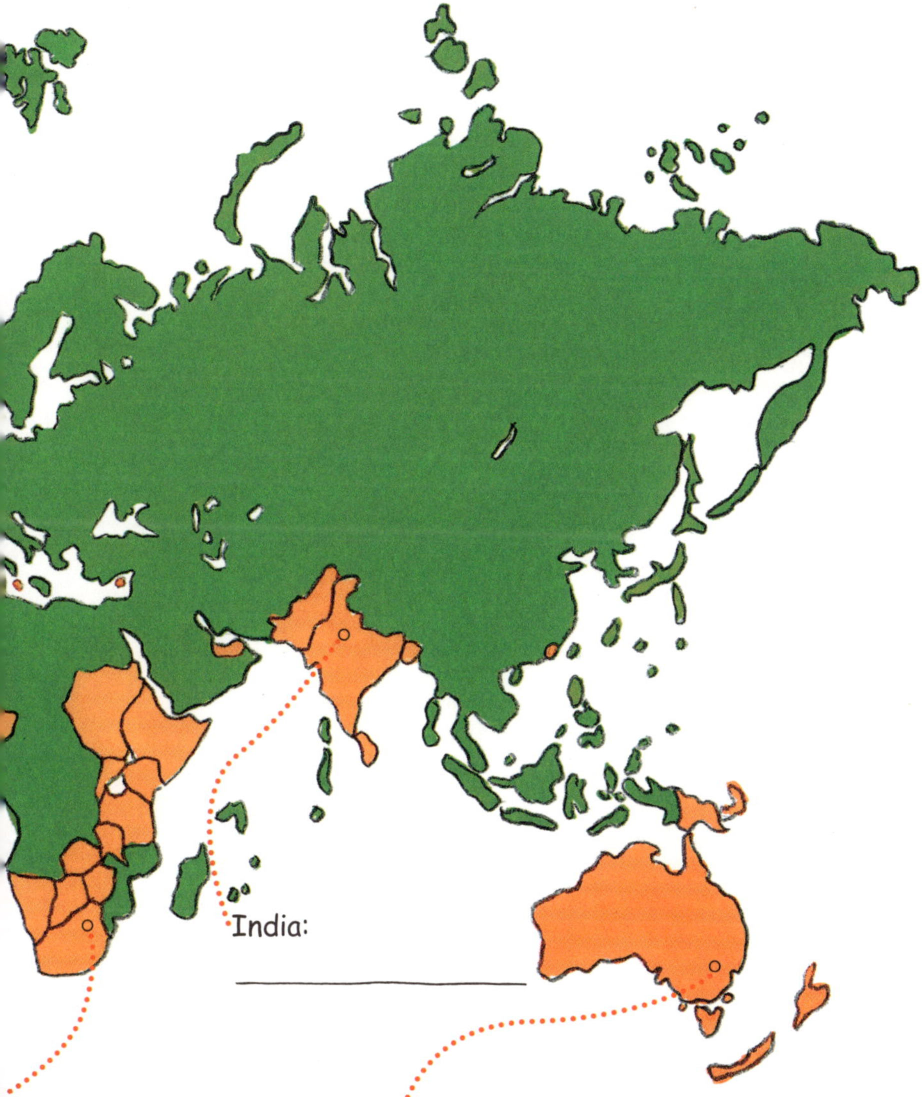

India:

South Africa:

Australia:

13 Hinweise für Eltern

Zur Übung

Diese Weltkarte – **map of the world** – zeigt noch einmal eindrücklich, dass das Englische nicht nur in England und Nordamerika, sondern auf allen fünf Kontinenten zuhause ist. Auf der Karte sind alle Länder orangefarbig markiert, in denen Englisch die Hauptsprache oder eine offizielle Sprache neben anderen ist. Acht Länder davon hat Ihr Kind bereits in den Aktivitäten 11 und 12 kennen gelernt. Hat es die Hauptstädte inzwischen schon behalten? Versuchen Sie, es die Hauptstädte aus dem Kopf eintragen zu lassen. Wenn das nicht klappt – nicht schlimm! Dies ist wirklich eine schwierige Aufgabe. Immerhin hat Ihr Kind jetzt einmal gesehen, wo die acht Länder liegen.

Tipp

Legen Sie sich doch einmal einen Atlas daneben und versuchen Sie gemeinsam, die Namen der anderen Länder herauszufinden.

Lösung der Aufgabe

Ireland – Dublin
Scotland – Edinburgh
England – London
Jamaica – Kingston
South Africa – Pretoria
India – New Delhi
the USA – Washington, DC
Australia – Canberra

Find the leprechauns

Ortsangaben

In dieser Aktivität übt ihr, zu beschreiben, wo sich etwas befindet.
Dabei helfen euch die **leprechauns**, die sich auf dem Bild verstecken.

Zeitangabe

Lernort

Utensilien

Tipp Die Wortkärtchen helfen euch, wenn ihr nicht weiter wisst!

Find the leprechauns

In Irland wohnen merkwürdige freche, kleine Kobolde, die **leprechauns**. Sie bringen Glück und erfüllen Wünsche, wenn man einen von ihnen findet. Aber sie wohnen an einsamen Orten im Wald, und es ist gar nicht **easy**, einem über den Weg zu laufen. In diesem **picture** haben sich zehn **leprechauns** versteckt.

Wenn du sie findest, musst du schnell aufschreiben, wo sie sind, sonst sind sie wieder weg! Die Wörter, die Fips dir zeigt, helfen dir dabei. Man nennt sie übrigens **prepositions**.

in

behind

on

next to

under

in front of

one is in a tree
one is ________ a tree
one is ________ a tree
one is ________ a house
one is ________ a mouse
one is ________ a bridge
one is ________ a box
one is ________ a flower
one is ________ a shoe
one is ________ a harp

14 Hinweise für Eltern

Zur Übung

Eigentlich muss man die **Leprechauns** fest im Auge behalten, damit sie nicht verschwinden. Sobald man wegschaut, sind sie wie vom Erdboden verschluckt. In dieser Übung kann man sie jedoch auch durch das richtige Aufschreiben der Präpositionen festhalten. Ob sie Ihrem Kind allerdings aufgrund guter Englischkenntnisse einen Wunsch erfüllen, ist zweifelhaft, denn sie sind sicher irische Patrioten und sprechen lieber **Gaelic** als Englisch.

Landeskundlicher Tipp

Die irische Folklore ist außerordentlich reich an Mythen, Märchen und Legenden. Eine wichtige Rolle spielen hierbei die **little people**, das kleine Volk, das meistens im Wald, aber auch oft in der Nähe der Häuser vorkommt. Sie haben magische Kräfte, sind aber schwer zu fassen und oft zu Streichen aufgelegt. Zu ihnen gehören die **fairies**, die mit den deutschen Elfen zu vergleichen sind, aber auch unsere **leprechauns**.

englische Begriffe im Text

leprechaun – Kobold
easy – einfach
picture – Bild
prepositions – Präpositionen
Gaelic – gälisch

Lösung der Aufgabe

one is in a tree – einer ist auf einem Baum
one is behind a tree – einer ist hinter einem Baum
one is under a tree – einer ist unter einem Baum
one is on a house – einer ist auf einem Haus
one is next to a mouse – einer ist neben einer Maus
one is under a bridge – einer ist unter der Brücke
one is on a box – einer ist auf einer Schachtel
one is in front of a flower – einer ist vor einer Blume
one is in a shoe – einer ist in einem Schuh
one is next to a harp – einer ist neben einer Harfe

At the end of the rainbow

Die Farben

In dieser Aktivität übt ihr die englischen Namen der Farben. Dazu müsst ihr ein kleines Kreuzworträtsel lösen.

Zeitangabe

at home

Lernort

Utensilien

Tipp Wortkärtchen und CD helfen euch, wenn ihr nicht weiter wisst!

Weitere Aktivitäten für das Üben der Farben sind die Aktivitäten ***New friends*** (▸ Seite 41), ***A world of colour*** (▸ Seite 65) und ***Catch a colour*** (▸ Seite 69). Viel Spaß dabei!

At the end of the rainbow

Sicher hast du schon mal einen Regenbogen gesehen. Hast du auch gesehen **where it ends? No?** Schade, denn man erzählt sich, dass **at the end of the rainbow** ein Kupfertopf mit einem geheimnisvollen Inhalt steht. Wenn man ihn findet, darf man den Inhalt des Topfes behalten. **Look, Lucy and Fips have found one.** Was ist wohl darin?

Das kannst du herausfinden, wenn du **the colours of the rainbow** in die Kästchen schreibst. Die Buchstaben in den nummerierten Kästchen ergeben den Topfinhalt.

1			3			
2			2			
3					1	
4	6					
5		7				
6						4
7	P	U	R	P	L	E

2		5	1	4		1	F		6	1	7	3

15 Hinweise für Eltern

Zur Übung

Was eignet sich besser, um die Farben zu üben, als ein Regenbogen, noch dazu ein magischer? In diesem Rätsel kann Ihr Kind seine Farbkenntnisse spielerisch unter Beweis stellen. (Nachschauen kann es die Farben in der Aktivität 10 und in den Wortkärtchen.)
Da dies ein magischer Regenbogen ist, haben wir uns eine kleine Abweichung von der Wissenschaft erlaubt. Wissenschaftlich gesehen hat der Regenbogen die Farben: **red** – rot, **orange** – orange, **yellow** – gelb, **green** – grün, **blue** – blau, **indigo** – indigo, **violet** – violett. Wenn Sie beide an wissenschaftlichen Dingen interessiert sind, sprechen Sie mit Ihrem Kind darüber!

Landeskundlicher Tipp

Die Sage mit dem Goldtopf stammt übrigens aus Irland. Die **Leprechauns**, kleine Kobolde, verstecken ihn am Ende des Regenbogens. Wohl auch, weil bis jetzt noch niemand das Ende des Regenbogens erreicht hat und sie so ihr Gold behalten können.

Tipp: Wussten Sie schon ...?

Bestimmt haben Sie sich schon einmal mit jemandem gestritten, ob Ihr neuer Pullover nun blau, türkis oder grün ist. Das liegt daran, dass die Unterscheidung der Farben letztlich willkürlich ist. Dies spiegelt sich auch in verschiedenen Sprachen wieder. Auch zwischen dem Deutschen und dem Englischen gibt es Unterschiede. So ergibt sich ein Problem für die Übersetzung der Farbe **purple**, die je nach Kontext von königlichem Purpur bis hin zu Violett, Braun-Violett und Lila gehen kann.

englische Begriffe im Text

where it ends – wo er endet
No? – Nein?
at the end of the rainbow – am Ende des Regenbogens
Look, Lucy and Fips have found one – Schau mal, Lucy und Fips haben einen gefunden
the colours of the rainbow – die Farben des Regenbogens

Lösung der Aufgabe

1. **red** (rot)	3 = D
2. **orange** (orange)	2 = A
3. **yellow** (gelb)	1 = O
4. **green** (grün)	6 = G
5. **blue** (blau)	7 = L
6. **violet** (violett)	4 = T
7. **purple** (purpurrot)	5 = P

Lösung: **a pot of gold** – ein Topf Gold

A world of colour

Farben

In dieser Aktivität übt ihr, Farben zu benennen. Dazu müsst ihr ein Bilderrätsel lösen.

Zeitangabe

at home or on holiday

Lernort

Utensilien

Tipp Die Wortkärtchen helfen euch, wenn ihr nicht weiter wisst!

Weitere Aktivitäten zu den Farben sind ***New friends*** (▶ Seite 41) und ***At the end of the rainbow*** (▶ Seite 61) sowie ***Catch a colour*** (▶ Seite 69).

A world of colour

Lucy and Fred love colours. Kannst du herausfinden, welche ihre Lieblingsfarben sind?

Colour in the pictures in der richtigen Farbe **with your crayons**. Wenn du die Farben auf Englisch in die Kästchen schreibst, ergeben die Buchstaben in den nummerierten Kästchen Lucys und Freds Lieblingsfarben. Wenn du die Namen der **colours** nicht mehr weißt, schau auf deinen Wortkärtchen nach.

Lucy's favourite colour is:

1	2	3	4	5	6

Fred's favourite colour is:

7	8	9	10	11

What colour is a bear?

	2			11

What colour is a tomato?

8		

What colour is a pumpkin?

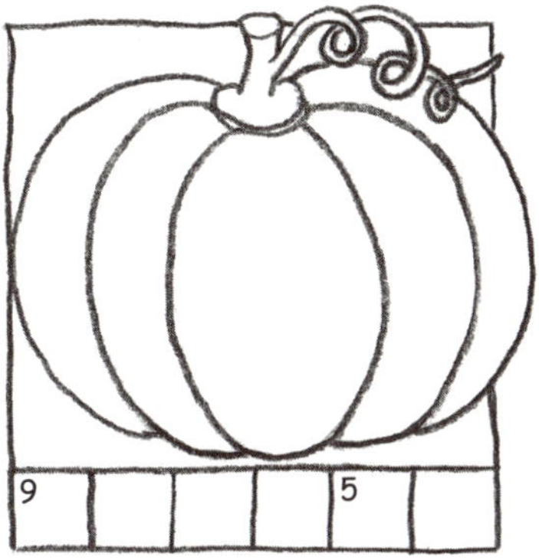

What colour is the sun?

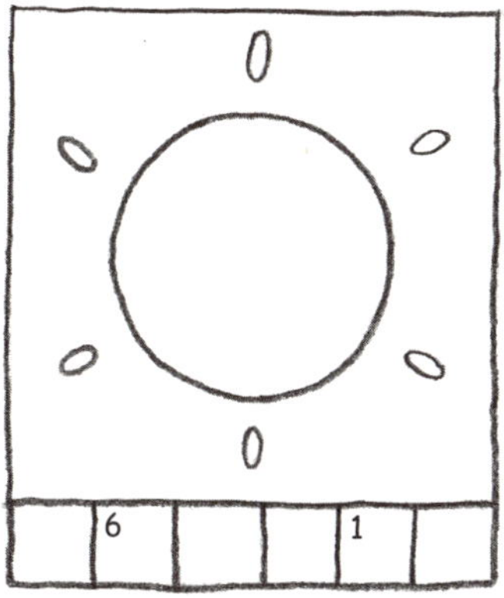

What colour is Fips' nose?

What colour is a pig?

What colour is the snow?

16 Hinweise für Eltern

Zur Übung

In dieser Übung erinnert sich ihr Kind noch einmal an die englischen Farbbegriffe und setzt sie sofort praktisch um, indem es die Bilder ausmalt. Das macht Spaß und wirkt als Gedächtnisstütze.
Beim Ausfüllen der Kästchen wird genaues Arbeiten trainiert, denn am Ende sollen die zwei richtigen Lösungswörter herauskommen.

Tipp

Wenn Sie diese Übung noch etwas erweitern möchten, dann spielen Sie doch noch ein kleines Spiel mit ihrem Kind. Jeder von Ihnen nimmt sich einen Zettel und denkt sich eine Lieblingsfarbe, **a favourite colour**, aus. Natürlich darf der andere den Zettel nicht sehen. Dann gilt es, die Farbe des anderen zu erraten. Wer am schnellsten rät, hat gewonnen. Dann wird noch einmal gespielt. Nehmen Sie also nicht nur Ihre tatsächliche Lieblingsfarbe, sonst ist das Spiel zu schnell vorbei.

Sprachliches Material zum Spiel:

Frage:	**Is your favourite colour** – Ist deine Lieblingsfarbe **red / blue / green etc.** – Rot, Blau, Grün usw.
Antworten:	**Yes, it is.** – Ja. / **No, it isn't.** – Nein.

englische Begriffe im Text

Lucy and Fred love colours –
Lucy und Fred lieben Farben
Colour in the pictures – mal die Bilder aus
with your crayons – mit deinen Buntstiften
colours – Farben

englische Begriffe im Spiel

What colour is ... ? –
Was für eine Farbe hat ... ?
a pumpkin – ein Kürbis
Fips' nose – Fips' Nase
a tomato – eine Tomate
a pig – ein Schwein
a bear – ein Bär
the sun – die Sonne
the snow – der Schnee

Lösung der Aufgabe

1. orange	9 = O, 5 = G
2. black	7 = B, 3 = A
3. red	8 = R
4. pink	4 = N
5. brown	2 = R, 11 = N
6. yellow	6 = E, 1 = O
7. white	10 = W

Lösungsworte:
Lucy's favourite colour is: orange.
Fred's favourite colour is: brown.

Catch a colour

Die Farben

Hier lernt ihr die Farben vieler Tiere und Gegenstände. Ein Spiel hilft euch dabei.

Zeitangabe

at home or on holiday

Lernort

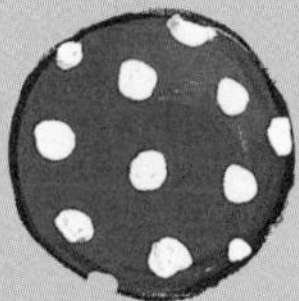

Utensilien

Tipp Die Wortkärtchen helfen euch, wenn ihr nicht weiter wisst!

Diese Aktivität passt gut zu den Aktivitäten ***At the end of the rainbow*** (▸ Seite 61), ***A world of colour*** (▸ Seite 65) und ***New friends*** (▸ Seite 41).

Catch a colour

Let's catch a colour! Wie das geht? **Get a ball and somebody you want to play with.** Dann rufst du den Namen einer Sache, z. B. **'sheep'**, und wirfst gleichzeitig den Ball. Dein Gegenüber fängt den Ball und ruft die Farbe des Gegenstandes: **'That's black!'**. Moment mal, ah ja, doch, es gibt ja tatsächlich schwarze Schafe. **'That's white!'** wäre natürlich auch richtig gewesen. Es gibt aber

Sachen, die wirklich nur eine Farbe haben, z. B. **'paper'**. Wenn da jemand **'That's black!'** statt **'That's white!'** ruft, muss er oder sie einen Liegestütz, **a push-up**, machen. Außerdem muss die Antwort innerhalb von vier Sekunden gegeben werden (du zählst: **one**, **two**, **three**, **four**), sonst ist wieder ein **push-up** fällig.
Das Spiel kann man zu zweit oder mit mehreren Personen spielen.
Have fun.

red:

a cherry

a fire engine

a tulip

black:

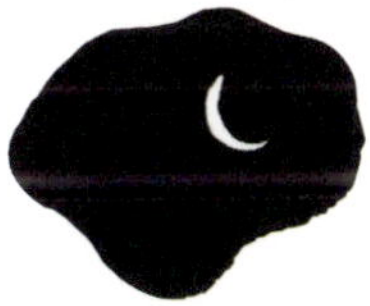

the night

a black sheep

a spider

white:

my teeth

a white sheep

paper

17 Hinweise für Eltern

Zur Übung

Zeit für etwas Bewegung. Denn nur herumsitzen und lernen sollte kein Kind. Sport und Bewegung sind wichtig für die Gesundheit und Ausgeglichenheit, aber auch für die kognitive Entwicklung.
Auf der Illustration sind einige Begriffe zu sehen, die einzelnen Farben zugeordnet sind. Sammeln Sie zusammen mit ihrem Kind noch mehr Gegenstände, damit das Spiel nicht zu schnell zu Ende geht. Sie können auch noch andere Farben wie **orange** – orange (**an orange** – eine Orange, **a tiger** – ein Tiger) oder **grey** – grau (**a mouse** – eine Maus) dazunehmen. Ermuntern Sie Ihr Kind, das Wörterbuch zu benutzen, wenn ihm ein schönes deutsches Wort einfällt, das es auf Englisch noch nicht kennt.

Tipp

Push-up für Liegestütz kommt aus dem amerikanischen Englisch, ist aber durch die Fitnessszene weit verbreitet. Im britischen Englisch heißt der Liegestütz **press-up.** Falls Ihnen Liegestützen nicht so liegen, gibt es auch noch andere Möglichkeiten, wie z. B. **sit-ups** – Klappmesser oder **'jump up and down'** – spring rauf und runter oder **'run up and down the stairs'** – ,lauf die Treppe rauf und runter'. Sie können sich hier mit Ihrem Kind einiges ausdenken.

englische Begriffe im Text

Let's catch a colour! –
Lass uns eine Farbe fangen!
Get a ball and somebody you want to play with –
Hol dir einen Ball und jemanden zum Spielen
sheep – Schaf
paper – Papier
that's black – das ist schwarz
that's white – das ist weiß
a push-up – ein Liegestütz
one, two, three, four – eins, zwei, drei, vier
have fun – viel Spaß

englische Begriffe im Bild

yellow – gelb
the sun – die Sonne
a banana – eine Banane
a chick – ein Küken

blue – blau
the sky – der Himmel
water – Wasser
ink – Tinte

brown – braun
a bear – ein Bär
a kangaroo – ein Känguru
a horse – ein Pferd

green – grün
a frog – ein Frosch
grass – Gras
a leaf – ein Blatt

red – rot
a cherry – eine Kirsche
a fire engine – ein Feuerwehrauto
a tulip – eine Tulpe

black – schwarz
the night – die Nacht
a black sheep – ein schwarzes Schaf
a spider – eine Spinne

white – weiß
a white sheep – ein weißes Schaf
my teeth – meine Zähne
paper – Papier

Old MacDonald had a farm

Die Tiernamen

Hier lernt ihr die Namen der Tiere und auch, was sie auf Englisch sagen.
Dabei hilft euch ein lustiges Lied.

Zeitangabe

at home

Lernort

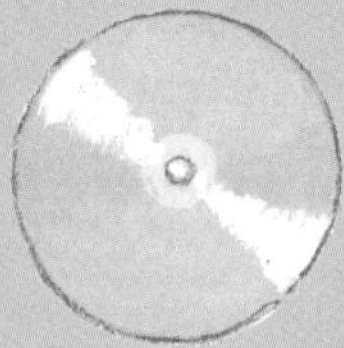

Utensilien

Diese Aktivität passt gut zu der Aktivität ***On the farm*** (▸ Seite 77).

Old MacDonald had a farm

This is Fips' favourite song. Do you know it, too? Wenn nicht, kannst du ihn dir auf der CD (Track 20) anhören. Hier ist noch eine kleine Aussprachehilfe. Bestimmt weißt du schon, dass die Buchstaben des Alphabets im Englischen oft anders ausgesprochen werden als im Deutschen. E-i-e-i-o klingt darum wie i-ei-i-ei-o.

Okay, let's sing!

2. Old MacDonald had a farm, E-I-E-I-O.
   And on his farm he had a dog, E-I-E-I-O.
   With a woof-woof here and a woof-woof there,
   Here a woof, there a woof,
   everywhere a woof-woof.

3. Old MacDonald had a farm, E-I-E-I-O.
   And on his farm he had a duck, E-I-E-I-O.
   With a quack-quack here and a quack-quack there,
   Here a quack, there a quack,
   everywhere a quack-quack.

4. A cow (moo-moo).

5. A pig (oink-oink).

Aber Old MacDonald hat noch viele andere Tiere auf seinem Hof.

▶ Schau dir an, was die Tiere sagen, dann kannst du noch weitere Strophen singen. Wenn du die Namen der Tiere noch nicht kennst, hilft dir die Aktivität 19 **On the farm** (▶ Seite 77) weiter.

18 Hinweise für Eltern

Zur Übung

Dieses bekannte und sprachlich einfache Lied macht Spaß und Lust auf mehr. Weitere Strophen können Sie mit Hilfe der dargestellten Tiere leicht selber machen. Dass nicht alle Strophen schon vorgegeben sind, motiviert Ihr Kind, sich die Tiernamen zu merken. Besprechen Sie die Tiernamen vorher mit Ihrem Kind. Wenn Ihr Kind sie nicht weiß, darf es in Aktivität 19 nachschauen.

Folgendes sprachliches Material hilft Ihnen, die Tiernamen gemeinsam mit Ihrem Kind herauszufinden:

– **What animal is this?**	– Was für ein Tier ist das?
– **That's a frog / a sheep / a chick.**	– Das ist ein Frosch / ein Schaf / ein Küken.
– **What does it say?**	– Was sagt es?
– **It says croak / bah / cheep.**	– Es sagt quak / mäh / piep.
– **Okay, let's sing now!**	– Ok, lass es uns jetzt singen!

Landeskundlicher Tipp 

Im amerikanischen Englisch sagt der Frosch übrigens nicht **croak**, sondern **ribbit**.

englische Begriffe im Text

This is Fips' favourite song – Das ist Fips' Lieblingslied
Do you know it, too? – Kennst du es auch?
Okay, let's sing! – Ok, lasst uns singen!

Übersetzung des Liedes

1. Der alte MacDonald hatte einen Bauernhof. Und auf diesem Bauernhof hatte er eine Katze. Mit einem Miaumiau hier, einem Miaumiau dort, hier ein Miau, dort ein Miau, überall ein Miaumiau.
2. Der alte … einen Hund. Mit einem Wauwau …
3. Der alte … eine Ente. Mit einem Quakquak …
4. Eine Kuh (Muhmuh)
5. Ein Schwein (Nöffnöff)

Lösung der Aufgabe

Frosch:	**frog – croak**
Hahn:	**cock – cock-a-doodle-doo**
Huhn:	**chicken – cluck**
Küken:	**chick – cheep**
Biene:	**bee – bzzzz**
Schaf:	**sheep – bah**
Pferd:	**horse – neigh**
Esel:	**donkey – ee-aw**
Ziege:	**goat – naa**
Vogel:	**bird – tweet**

On the farm

Die Tiernamen

Hier lernt ihr die Namen der Tiere und auch, was sie auf Englisch sagen.
Könnt ihr die Sprechblasen richtig ausfüllen?

Zeitangabe

Lernort

Utensilien

Tipp Wortkärtchen und CD helfen euch, wenn ihr nicht weiter wisst.

Diese Aktivität passt gut zu der Aktivität ***Old MacDonald had a farm***
(▶ Seite 73).

On the farm

In the song about Old Macdonald's farm (▶ Seite 73**) you learned that German and English animals don't say the same things.**

▶ Weißt du noch **what animals say in England**? Versuch so viele Sprechblasen wie möglich auszufüllen. Wenn du nicht mehr weiter weißt, darfst du bei **Old MacDonald** nachschauen.

chickens say ...

bees say ...

frogs say ...

ducks say ...

donkeys say ...

birds say ...

pigs say ...
horses say ...
sheep say ...
goats say ...
cats say ...
dogs say ...
cows say ...
chicks say ...
cocks say ...

19 Hinweise für Eltern

Zur Übung

Kinder sind stolz, etwas zu wissen, was nicht jeder weiß. Hier kann Ihr Kind sein in Aktivität 18 erworbenes „Insiderwissen" über die Tierlaute noch einmal anwenden und dabei gleichzeitig die Tiernamen wiederholen. Lassen Sie Ihr Kind die Sätze ruhig laut vorlesen.

Tipp

Machen Sie Ihr Kind doch einmal auf Kuh, Katze und Esel aufmerksam. Diese Tiere sagen dasselbe wie im Deutschen. Der einzige Unterschied liegt in der Schreibung.

Sollte ihr Kind besonders viel Spaß an dieser Übung haben, können Sie auch eine Art Quiz daraus machen. Sie nehmen das Buch und lesen die Tiere vor. Ihr Kind muss dann die Laute dazu sagen. Und jetzt umgekehrt: Mal sehen, wie viel Sie behalten haben!

Sprachlicher Tipp !

Aufpassen beim Plural von **sheep**. Genau wie bei **fish** gibt es hier nur ein Wort für Singular und Plural. Also **1 sheep**, **2 sheep**, **1000 sheep**.

englische Begriffe im Text

In the song about Old Macdonald's farm you learned that German and English animals don't say the same things – In dem Lied über Old Macdonalds Bauernhof hast du gelernt, dass deutsche und englische Tiere nicht dasselbe sagen
... what animals say in England? – ... was Tiere in England sagen?

Lösung der Aufgabe

cows say moo – Kühe sagen muh
goats say naa – Ziegen sagen meck
pigs say oink – Schweine sagen nöff
sheep say bah – Schafe sagen mäh
cats say miaow – Katzen sagen miau
birds say tweet – Vögel sagen tschilp
horses say neigh – Pferde sagen wieher
frogs say croak – Frösche sagen quak
ducks say quack – Enten sagen quak
cocks say cock-a-doodle-doo – Hähne sagen kikeriki
dogs say woof – Hunde sagen wau
bees say bzz – Bienen sagen summ
chickens say cluck – Hühner sagen putput
chicks say cheep – Küken sagen piep
donkeys say ee-aw – Esel sagen i-ah

Hide and seek

Die Tiernamen

Hier übt ihr die Namen der Tiere auf Englisch. Ein Buchstabenrätsel hilft euch dabei.

Zeitangabe

at home

Lernort

Utensilien

Tipp Die Wortkärtchen helfen euch, wenn ihr nicht weiter wisst.

Diese Aktivität passt gut zu den Aktivitäten ***Old MacDonald had a farm*** (▶ Seite 73) und ***On the farm*** (▶ Seite 77).

Hide and seek

Fips hat so laut gebellt, dass sich 15 **animals** in den Spalten und Zeilen dieses Rätsels versteckt haben. Richtige Feiglinge! Wusstest du übrigens, dass man auf Englisch einen Feigling **a chicken** nennt? Jetzt müssen Lucy und Fips die Tiere wieder finden. Bis jetzt haben sie jedoch erst ein Tier wieder gefunden.

Can you help them find the others? Yes? Okay then. Let's play hide and seek (Verstecken). **Get out your pen and "… ninety-nine, one hundred – I'm coming!"**

f	r	o	g	z	u	b	b	k	g
o	d	c	h	i	c	k	e	n	i
f	d	o	x	a	b	q	e	j	p
w	o	i	g	g	i	g	d	e	g
r	n	k	h	o	r	s	e	x	o
i	k	v	c	o	d	c	l	c	d
p	e	e	h	s	j	o	c	r	u
g	y	b	i	e	l	y	a	w	c
y	p	h	c	o	w	b	t	t	k
c	o	c	k	s	d	u	i	l	p

20 Hinweise für Eltern

Zur Übung

Diese Übung fördert Konzentration und genaues Hinsehen. Die Tiernamen verbergen sich auf unterschiedlichste Arten in dem Buchstabenquadrat.
Wenn sich das Finden der Tiere als schwierig erweist, schauen Sie sich gemeinsam die aus den Buchstaben herausschauenden Tiere an und suchen Sie dann konkret nach den Namen.

Tipp

Wenn Ihrem Kind das Versteckspiel mit den Tieren Spaß gemacht hat, können Sie zusammen einmal „Ich sehe was, was Du nicht siehst" auf Englisch spielen. Sie sagen zum Beispiel "I spy with my little eye something beginning with ... B!" (Sie sehen also etwas, das mit dem Buchstaben B beginnt.) Ihr Kind sucht dann den entsprechenden Gegenstand und nennt den englischen Namen oder zeigt darauf, falls der Name noch nicht bekannt ist. Dann wird gewechselt.
Damit übt Ihr Kind spielerisch Buchstaben und Wörter.
Dieses Spiel eignet sich auch gut für unterwegs.

englische Begriffe im Text

animals – Tiere
a chicken – Huhn, hier: Feigling
Can you help them find the others? – Kannst du ihnen helfen die anderen zu finden?
Yes? Okay then. – Ja? Also gut.
Let's play hide and seek – lass uns Verstecken spielen
Get out your pen and "... ninety-nine, one hundred – I'm coming!" – Nimm deinen Stift heraus und: „... neunundneunzig, hundert – ich komme!".

Lösung der Aufgabe

f	r	o	g	z	u	b	b	k	g
o	d	c	h	i	c	k	e	n	i
f	d	o	x	a	b	q	e	j	p
w	o	i	g	g	i	g	d	e	g
r	n	k	h	o	r	s	e	x	o
i	k	v	c	o	d	c	l	c	d
p	e	e	h	s	j	o	c	r	u
g	y	b	i	e	l	y	a	w	c
y	p	h	c	o	w	b	t	t	k
c	o	c	k	s	d	u	i	l	p

A walk on the farm

Die Tiernamen

Hier übt ihr, die Namen der Tiere richtig zu schreiben.

Zeitangabe

at home

Lernort

Utensilien

Tipp Wortkärtchen und CD helfen euch, wenn ihr nicht weiter wisst.

Diese Aktivität passt gut zu den Aktivitäten ***Old MacDonald had a farm*** (Seite 73), ***On the farm*** (Seite 77) und ***Hide and seek*** (Seite 81).

A walk on the farm

The animals on MacDonald's farm love to play. Today they're having a bit of fun with old MacDonald. Lucy and Fred haben von **their mum** eine Liste mit Sachen bekommen, die sie auf Old MacDonalds Bauernhof einkaufen sollen. Jetzt möchte Old MacDonald einen Korb für sie fertig machen, aber die Tiere haben die Liste versteckt. **Do you see the smile on their faces? What a cheeky lot!** Na, immerhin haben sie Old MacDonald einen Hinweis, **a clue** , gegeben. Du kannst Old MacDonald helfen, den Warenkorb **for Lucy's and Fred's mum** doch noch richtig zusammenzustellen.

1	2	3	4

,

5	6	7	L	8	9

10	11	L	12

Schreibe die Tiernamen richtig in die Kästchen. Dann trage die mit Zahlen versehenen Buchstaben links in die entsprechenden Kästchen ein. **Now you know what their mum wants.**

21 Hinweise für Eltern

Zur Übung

Die lustige Geschichte macht Spaß und regt an, die Tiere zu überlisten, indem ihr Kind die Tiernamen mit Hilfe der vertauschten Buchstaben richtig in die Kästchen einträgt. Auf spielerische Weise vertieft Ihr Kind noch einmal die Tiernamen und übt gleichzeitig Konzentration und genaues Arbeiten.

Hinweis !

Wenn Ihr Kind eine Lese-Rechtschreib-Schwäche hat, sollten Sie die Purzelwörter-Übung auf der Kinderseite auslassen. Sie können stattdessen die Wörter mit Hilfe der Wortkärtchen üben.

englische Begriffe im Text

The animals on MacDonald's farm love to play – Die Tiere auf MacDonalds Bauernhof lieben es zu spielen
Today they're having a bit of fun with old MacDonald – Heute erlauben sie sich einen Scherz mit dem alten MacDonald
their mum – ihre Mama
Do you see the smile on their faces? – Siehst du das Lächeln auf ihren Gesichtern?
What a cheeky lot! – Was für eine freche Bande
a clue – ein Hinweis
for Lucy's and Fred's mum – für Lucys und Freds Mama
Now you know what their mum wants – Jetzt weißt du, was ihre Mama möchte

Lösung der Aufgabe

owc = cow
shero = horse
act = cat
neh = hen
agto = goat
gip = pig
eeshp = sheep
ckihc = chick
mseou = mouse

Auf der Einkaufsliste stehen **eggs** (Eier), **apples** (Äpfel) und **milk** (Milch).

Who is this?

Die Tiernamen

Hier übt ihr die Namen der Tiere und die Zahlen. Dabei hilft euch ein Rätselbild, das ihr auch ausmalen könnt.

Zeitangabe

at home or on holiday

Lernort

Utensilien

Tipp Die Wortkärtchen helfen euch, wenn ihr nicht weiter wisst.

Who is this?

Join the dots! Take a pencil und verbinde der Reihe nach die Punkte. Hier haben sich einige Lebewesen versteckt. **Do you know them all?**

Then write their names into the little boxes.

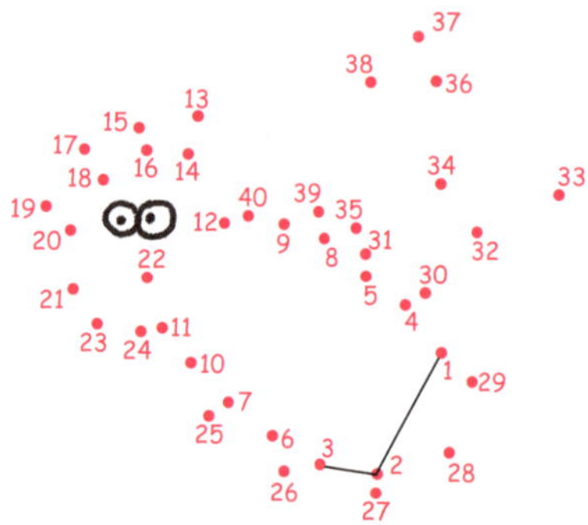

OLD MAC

Übrigens: beim Malen kannst du auch direkt ausprobieren, wie weit du schon zählen kannst. Schaffst du es bis **ninety**? Wenn nicht, auch nicht schlimm. Vielleicht kommst du ja schon bis **twenty**.

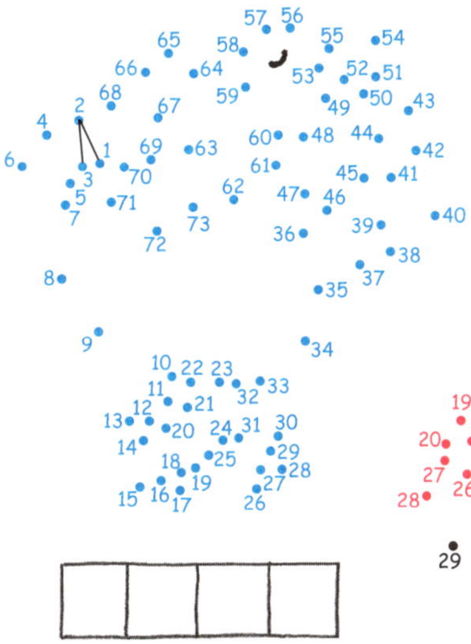

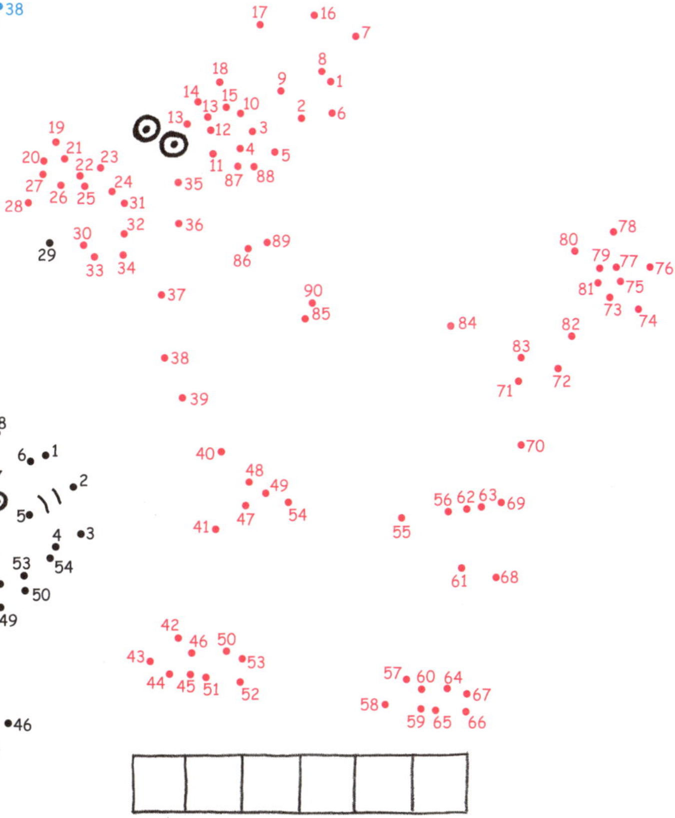

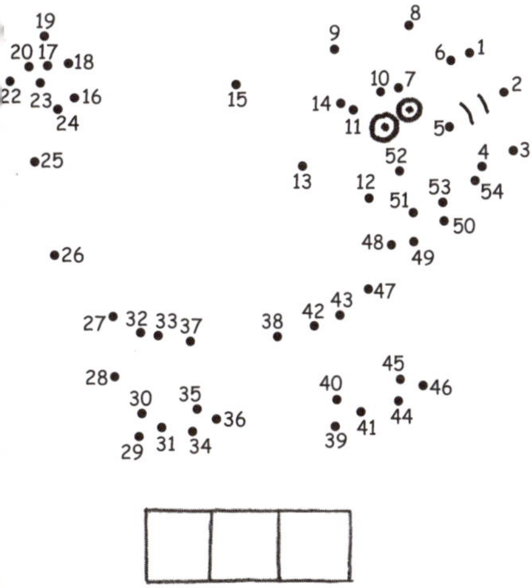

22 Hinweise für Eltern

Zur Übung

Fast alle Kinder haben großen Spaß am spielerischen Entdecken und mögen darum diese Malübung, bei der sich die Tiere nach und nach erschließen.
Auf der sprachlichen Seite werden hier noch einmal ein paar Tiernamen wiederholt. Wenn Ihr Kind gerne zählt, ist diese Übung genau das Richtige. Wählen Sie zum Zählen die Figur des Esels aus, denn hier kann Ihr Kind bis neunzig zählen.

Tipp

Machen Sie einen kurzen Dialog mit Ihrem Kind zu jeder fertiggestellten Figur. Hier ist dazu Ihr sprachliches Material:

Kind: **Who is this?** – Wer ist das?
Sie: **That's Old MacDonald / a pig / a duck etc.** – Das ist Old MacDonald / ein Schwein / eine Ente ... (Hier dürfen Sie sich auch ruhig einmal „vertun". Suchen Sie sich etwas Lustiges aus)
Kind: **Yes, it is. That's Old MacDonald / a pig / a duck.** – Ja. Das ist Old MacDonald / ein Schwein / eine Ente ...
oder **No, it isn't. That's ...** – Nein. Das ist ...

englische Begriffe im Text

Join the dots! – Verbinde die Punkte
Take a pencil – nimm einen Stift
Do you know them all? – Kennst du sie alle?
Then write their names into the little boxes – Dann schreib ihre Namen in die kleinen Kästchen
ninety – Neunzig
twenty – Zwanzig

Lösung der Aufgabe

pig – Schwein
duck – Ente
Old MacDonald
donkey – Esel
bee – Biene

How to make lemonade

Ein Picknick

Hier lernt ihr Wörter rund um Essen und Trinken und sogar, wie man englische Limonade selbst macht!

Zeitangabe

at home

Lernort

Utensilien

Tipp Wortkärtchen und CD helfen euch, wenn ihr nicht weiter wisst.

How to make lemonade

You need:
6 big lemons
150 g sugar
1.5 l water

Lucy and Fred have got a sweet tooth. Sie mögen süße Sachen unheimlich gerne. Das findet Lucys und Freds Mama gar nicht so gut und hat ihnen **for their picnic** viele gesunde Sachen eingepackt: **cheese and tomato sandwiches, fruit, and water**. Fred hat allerdings noch ein paar **chocolate biscuits** eingeschmuggelt. Und Lucy hat selbstgemachte Limonade mitgebracht. **Do you have a sweet tooth, too? What about your mum and dad?**

Why don't you make some lemonade? Here is Lucy's recipe.

23 Hinweise für Eltern

Zur Übung

Dieses einfache, aber leckere Rezept für eine traditionelle englische Limonade eignet sich gut für heiße Sommertage und lässt sich einfach zubereiten. Die Bilder erklären sich zum großen Teil von selbst, so dass Sie und Ihr Kind sich die Zubereitung erarbeiten können, ohne die Übersetzung zu Hilfe zu nehmen.
Auf der CD (Track 26) können sie sich das Rezept anhören.
Übrigens: Bestimmt können Sie mit diesem leckeren und chemiefreien Getränk auch auf der nächsten Kinderparty punkten.

englische Begriffe im Text

You need – du brauchst
6 big lemons –
6 große Zitronen (mit unbehandelter Schale)
150 g sugar – 150 Gramm Zucker
1.5 l water – 1,5 Liter Wasser

Lucy and Fred have got a sweet tooth –
Lucy und Fred mögen gerne Süßes (wörtlich: Sie haben einen süßen Zahn)
for their picnic – für ihr Picknick
cheese and tomato sandwiches –
belegte Brote mit Käse und Tomate
fruit – Obst
and water – und Wasser
chocolate biscuits – Schokoladenkekse
Do you have a sweet tooth, too? –
Magst du auch gerne Süßes?
What about your mum and dad? –
Wie ist das mit Mama und Papa?
Why don't you make some lemonade? –
Warum machst du nicht auch etwas Limonade?
Here is Lucy's recipe – Hier ist Lucys Rezept

Übersetzung des Rezepts

1. Schäl 3 Zitronen und leg die Schale in eine Schüssel.
2. Presse alle Zitronen aus.
3. Gieße den Saft in die Schüssel. Füge den Zucker hinzu.
4. Bring das Wasser zum Kochen und gieße es zu dem Saft, dem Zucker und der Zitronenschale dazu.
5. Alles umrühren, zudecken und ruhen lassen.
6. Probier die Limonade. Ist sie süß genug?
7. Gieße alles durch ein Sieb.
8. Füll die Limonade in Flaschen und stell sie in den Kühlschrank. (Lucy: Mmmh, sehr erfrischend.)

The picnic

Lebensmittel und ihre Namen

Hier übt ihr die Namen von verschiedenen Lebensmitteln.

Die Bilder und die Ausmalbilder helfen euch dabei.

Zeitangabe

at home or on holiday

Lernort

Utensilien

Tipp Wortkärtchen und CD helfen euch, wenn ihr nicht weiter wisst.

Diese Aktivität passt gut zu der Aktivität ***How to make lemonade*** (▸ Seite 93).

The picnic

Lucy, Fred and Fips love their food. Wenn **these three make a picnic**, dann gibt es immer viele leckere Sachen. **"Yummy, dig in!"** ruft Fred und das tun die drei. **Just look.** Was sie schon alles verputzt haben! Sie haben uns gar keine Zeit gelassen, die englischen Begriffe für die Lebensmittel in die Kästchen zu schreiben.

▶ Wie viele Lebensmittel kennst du schon auf Englisch?

24 Hinweise für Eltern

Zur Übung

Sollte das Vokabular dieser Mal- und Einsetzübung noch nicht oder nur teilweise bekannt sein, schauen Sie gemeinsam in den Wortkärtchen nach.

Tipp

Warum machen Sie zu Hause nicht einmal ein „englisches" Frühstück, bei dem hauptsächlich Englisch gesprochen werden soll? Traditionell gibt es bei einem richtigen **English breakfast** zunächst Cornflakes o. ä., dann **Baked Beans** mit Spiegelei und gebratenem Schinken oder kleinen Würstchen und dann noch Toast mit Butter und Orangenmarmelade. Dazu gibt es – natürlich – **tea** (Tee).

Sprachliches Material für ein englisches Frühstück

Could you pass me the butter / the salt / the bread, please? –
Könntest du mir die Butter / das Salz / das Brot rüberreichen?
Here you are. – Bitteschön.
How is the egg / the marmalade? – Wie schmeckt das Ei / die Orangenmarmelade?
Yummy! – Lecker!
Not very good. – Nicht sehr gut.
Would you like some more milk / cornflakes? –
Möchtest du noch etwas Milch / noch mehr Cornflakes?
Yes, please. – Ja, bitte.
No, thank you. – Nein, danke.

Sprachlicher Tipp

Aufpassen bei Chips, die heißen auf Englisch nämlich **crisps**. Es gibt das Wort **chips** jedoch auch auf Englisch, das sind aber die traditionellen dicken englischen Pommes frites.

englische Begriffe im Text

Lucy, Fred and Fips love their food –
Lucy, Fred und Fips essen für ihr Leben gern.
these three make a picnic –
diese drei ein Picknick machen
Yummy, dig in! – Lecker, haut rein!
Just look – Schau mal

Lösung der Aufgabe

bread – Brot, **cheese** – Käse, **cake** – Kuchen, **cucumber** – Salatgurke, **apple** – Apfel, **knife** – Messer, **water** – Wasser, **crisps** – Chips, **ham** – Schinken

Battleships

Das Alphabet und die Zahlen bis zehn

Hier übt Ihr die englischen Buchstaben und Zahlen.
Die braucht man nämlich für das Spiel „Schiffe versenken".

Zeitangabe

at home or on holiday

Lernort

Utensilien

Tipp

Wenn ihr hören möchtet, wie man die Buchstaben und Zahlen ausspricht, hilft euch die CD (Track 28).

Battleships

Fred and Fips are waiting for their train. That's very boring. Zum Glück kennen die beiden viele Spiele, so dass ihnen nicht langweilig wird. Dieses Spiel hier wird dir bestimmt bekannt vorkommen. Auf Englisch heißt es **battleships**. Genau, es ist das Spiel „Schiffe versenken".

▶ **Let's play it in English.** Sicher kennst du schon die Buchstaben des Alphabets und die Zahlen bis 10. **Okay? Let's go!**

You need:
Kariertes Papier, auf das jeder Spieler zwei **battleship grids** (Spielfelder) zeichnet: Auf ein Feld zeichnest du deine eigenen Schiffe ein (1 mit 5 Kästchen, 1 mit 4 Kästchen, 2 mit 3 Kästchen, 2 mit 2 Kästchen). Du darfst sie überall verstecken, aber sie müssen waagerecht oder senkrecht liegen und sie dürfen sich nicht berühren. Dieses Feld musst Du geheim halten! Das andere Feld lässt Du erst mal leer. Dort markierst du während des Spiels mit einem **O** jeden **miss** (Schuss ins Wasser) oder mit einem **X** jeden **hit** (Treffer) beim anderen Spieler.

Fred und Fips zeigen dir, wie es geht! Fips beginnt und sagt **"G three"**. Oh no, Fred hat dort sein großes **ship**, deshalb sagt er **"hit"**. Fips freut sich und zeichnet ein **X** in das Kästchen G3 auf sein zweites, bisher leeres Spielfeld. Jetzt ist Fred dran. Er sagt **"B four"**. Aber Fips hat dort kein **battleship** versteckt. Er sagt **"miss!"**. Fred trägt also ein **O** in sein Feld ein. Wenn Fips das Schiff von Fred versenkt hat, also alle Felder getroffen hat, sagt Fred **"sunk!"**. Gewonnen hat, wer als erster alle Schiffe des anderen versenkt hat.

25 Hinweise für Eltern

Zur Übung

„Schiffe versenken“ ist fast jedem noch aus der eigenen Schulzeit bekannt. Mit ein paar karierten Blättern und einem Stift kann man es leicht überall spielen (natürlich nicht während des Unterrichts!). Wenn Sie das Spiel mit Ihrem Kind auf Englisch spielen, können Sie ganz nebenbei einige Buchstabennamen und die Zahlen bis 10 spielerisch üben und festigen. Sollten Ihnen die Regeln nicht mehr geläufig sein, können Sie sie sich auf der Kinderseite wieder in Erinnerung rufen.

englische Begriffe im Text

Fred and Fips are waiting for their train – Fred und Fips warten auf den Zug
That's very boring – Das ist sehr langweilig
battleships – Schiffe versenken, wörtlich: Kriegsschiffe
Let's play it in English – Lass es uns auf Englisch spielen
Let's go! – Los geht's!

englische Begriffe für das Spiel

die Buchstaben von A – J
die Zahlen von 1 – 10:
one, two, three, four, five, six, seven, eight, nine, ten
hit – Treffer
miss – Schuss ins Wasser
sunk – versenkt
ship – Schiff
battleship – Kriegsschiff

Roshambo!

Wörtertraining

Hier übt ihr verschiedene Wörter mit Hilfe eines bekannten Spiels. Viel Spaß!

Zeitangabe

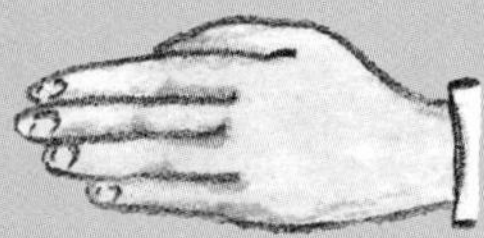

Utensilien

Lernort

Tipp Die Wortkärtchen helfen euch, wenn ihr nicht weiter wisst.

Das Spiel aus dieser Aktivität ist sehr gut für unterwegs geeignet.

Roshambo!

Kennst du das Spiel „Schnick, schnack, schnuck"? Man kann es sehr gut beim Warten oder auf langweiligen Autofahrten spielen oder wenn man ausknobeln möchte, wer bei einem Spiel anfangen darf. Auf Englisch heißt es **"Rock, paper, scissors"** oder **"Roshambo"**. Dabei gewinnt immer ein Gegenstand über einen anderen.

paper 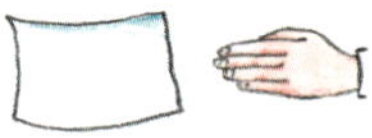

paper wins over rock
(das Papier wickelt
den Stein ein)

stone 

stone wins over scissors
(die Schere kann den
Stein nicht zerschneiden)

scissors 

scissors win over paper
(die Schere zerschneidet
das Papier)

Lucy und Fred heben ihre Fäuste und zählen **one**, **two**, **three**, **go**! Auf **"go!"** stellen sie mit den Händen jeweils einen der vier Gegenstände dar. Dabei rufen sie die Namen des Gegenstandes auf Englisch.

Probiers doch auch mal!

26 Hinweise für Eltern

Zur Übung

In dem Neuland, das eine Fremdsprache unweigerlich darstellt, freut sich Ihr Kind hin und wieder einmal, „alte Bekannte“ zu treffen. Das motiviert und macht Spaß. Dieses Knobelspiel eignet sich sehr gut für zwischendurch. Lernen Sie es gemeinsam mit Ihrem Kind, dann können Sie es im Wartezimmer, bei langweiligen Autofahrten oder im Bus immer wieder spielen.

Tipp

Sollte Ihnen das Spiel zu einfach werden, können Sie noch ein weiteres Element dazunehmen. Z. B. den Brunnen – **'the well'.**
Well wins over stone. (der Stein fällt in den Brunnen)
Well wins over scissors (die Schere fällt in den Brunnen)
Paper wins over well (das Papier kann den Brunnen umwickeln)

sprachliche Schwierigkeit !

Scissors (die Schere) sind im Englischen immer Plural, denn man denkt an das Paar der Schneiden: **a pair of scissors.** Daher wird auch das ‚s' aus der 3. Person Singular nicht an das Verb angehängt.

englische Begriffe im Text

rock, paper, scissors – Stein, Papier, Schere
paper wins over rock –
das Papier siegt über den Stein
stone wins over scissors –
der Stein siegt über die Schere
scissors win over paper –
die Schere siegt über das Papier

one, two, three, go! – eins, zwei, drei, los!

I win, you lose – ich gewinne, du verlierst
I lose, you win – ich verliere, du gewinnst

Ten in the bed

Die Zahlen von 1 – 10

In dieser Übung übt ihr die Zahlen von 1 bis 10 auf Englisch.

Ein lustiges Lied hilft euch dabei.

Zeitangabe

at home

Lernort

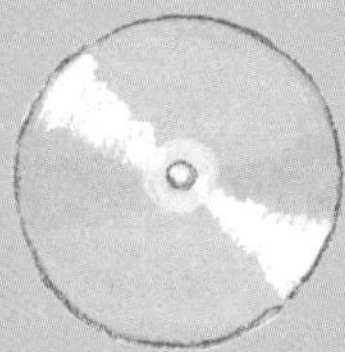

Utensilien

Tipp Die CD hilft euch bei der richtigen Aussprache.

Die Zahlen könnt ihr auch in der Aktivität ***Battleships*** (▸ Seite 101) üben.

Ten in the bed

Today haben Lucy, Fred und Fips **seven friends** zum Übernachten eingeladen. Und alle versuchen sich in **one bed** (1) zu drängeln. Na, das wird **tonight** bestimmt **so much fun** wie **in this song**.

Sing mit!

2. There were nine in the bed and the little one said: "Roll over! Roll over!" So they all rolled over and one fell out.

3. There were eight in the bed ...
4. There were seven in the bed ...
5. There were six in the bed ...

6. There were five in the bed ...
7. There were four in the bed ...
8. There were three in the bed ...

9. There were two in the bed ...
10. There was one in the bed and the little one said: "Roll over! Roll over!" So he rolled over and he fell out.
11. There were none in the bed and the little one said:"Aaaahh! Good night!"

27 Hinweise für Eltern

Zur Übung

Texte, die mit Musik verknüpft werden, bleiben besonders gut im Gedächtnis haften und werden auch schnell auswendig gelernt. Mit diesem englischen Kinderlied kann man noch einmal die Zahlen von 1 bis 10 (▶ CD-Track 28) wiederholen oder einfach Spaß daran haben, dass man sie schon kann. Singen Sie gemeinsam oder lehnen Sie sich zurück und lassen Sie Ihr Kind das Lied auf der CD (Track 31) mitsingen.

englische Begriffe im Text

today – heute
seven friends – sieben Freunde
one bed – ein Bett
tonight – heute Abend
so much fun – so lustig
in this song – in diesem Lied

Übersetzung des Liedtextes

1. Es waren Zehne im Bett und der Kleinste sagte: „Roll mal rüber, roll mal rüber!“ Also rollten sie alle rüber und einer fiel raus.
2. Es waren Neune im Bett ...

usw.

10. Es war einer im Bett und der Kleinste sagte: „Roll mal rüber, roll mal rüber!“ Also rollte er rüber und er fiel raus.
11. Es war keiner im Bett und der Kleinste sagte: „Aaaahh! Gute Nacht!“

Opposites attract

Eigenschaften beschreiben

Hier lernt ihr einige wichtige Eigenschaftswörter. Bilder helfen euch dabei, die Wörter und ihr Gegenteil herauszufinden.

Zeitangabe

at home

Lernort

Utensilien

Tipp Die Wortkärtchen helfen euch, wenn ihr nicht weiter wisst.

Opposites attract

Gegensätze ziehen sich an: Lucy ist **big** und Fips ist **little**, aber sie verstehen sich meistens trotzdem prima! Kannst du in dem folgenden Rätsel die Gegensätze richtig miteinander verbinden?

Suche jeweils das englische Wort aus dieser Liste aus, welches das Gegenteil ausdrückt: **dry, bright, sad, thin, little, short, cold, light, young.** Die Wortkärtchen helfen dir dabei.

wet ____________

long ____________

dark ____________

heavy ____________

happy ____________

hot ____________

old ____________

big ____________

fat ____________

28 Hinweise für Eltern

Zur Übung

Es gibt ein paar Tricks, die bei der Erarbeitung eines fremdsprachlichen Wortschatzes helfen können. Ein Grundsatz ist, dass man Vokabeln nicht ohne Zusammenhang lernen sollte, denn das Gehirn lernt am besten, wenn es möglichst viele Verknüpfungen herstellen kann. Durch den Gegensatz zwischen den Adjektivpaaren wird eine Verbindung hergestellt, die nicht nur dabei hilft, die Vokabeln nachhaltig zu verankern, sondern die auch das Verständnis der einzelnen Wörter erleichtert.

Tipp

Sie können mit ihrem Kind diese Übung mehrmals machen, denn die Illustrationen erklären sich fast von selbst. Halten Sie einfach die Schrift zu und bitten Sie Ihr Kind, die Adjektive aus dem Kopf aufzusagen oder aufzuschreiben. Tun Sie das am besten nicht unmittelbar nachdem Sie die Übung ausgefüllt haben, sondern kommen Sie beim nächsten (und vielleicht übernächsten) Mal darauf zurück.

englische Begriffe im Text

siehe Lösung der Aufgabe

Lösung der Aufgabe

wet – dry (nass – trocken)
long – short (lang – kurz)
dark – bright (dunkel – hell)
heavy – light (schwer – leicht)
happy – sad (glücklich – traurig)
hot – cold (heiß – kalt)
old –young (alt – jung)
big – little (groß – klein)
fat – thin (dick – dünn)

Pass the parcel

Ein Spiel für die Geburtstagsparty

Dieses Spiel könnt ihr auf der nächsten Geburtstagsfeier mit euren Freunden spielen.

Zeitangabe

at a birthday party

Lernort

Utensilien

Pass the parcel

Lucy and Fred are twins. Sie wurden beide am selben Tag geboren. **Today is a big day – their birthday.** Lucy und Fred haben schon viele Vorbereitungen getroffen. **They've invited a lot of friends, and they've made a birthday cake and some lemonade.** Aber das reicht natürlich noch nicht, denn zu einem richtigen Geburtstag gehören auch **fun and games**. Hier ist ein Spiel, das man oft auf Kindergeburtstagen in Großbritannien spielt. Es heißt **pass the parcel**. Dafür müssen dir deine Eltern ein Päckchen zurechtmachen. In dem Päckchen ist **a little present**, aber drumherum sind ganz viele Lagen Geschenkpapier und in jeder Lage liegt ein kleiner Papierschnipsel mit einer Aufgabe **in English**.

Es geht los. Eure Eltern haben den CD-Spieler angemacht und ihr reicht das Paket herum bis eure Eltern die Musik plötzlich leise drehen. Das Kind bei dem das Päckchen gerade angekommen ist, darf dann die erste Lage Papier abmachen und versuchen, die erste Aufgabe zu lösen. Wenn es sie lösen kann, bekommt es eine kleine Belohnung. Kann es sie nicht lösen, dürfen die anderen es versuchen. Wer die Aufgabe als erster löst, bekommt stattdessen die Belohnung. Dann wird die Musik wieder angemacht, bis alle Lagen Geschenkpapier aufgepackt sind. Wer die letzte Lage Geschenkpapier abmacht, **gets the present**.
Also viel Spaß und **good luck!**

29 Hinweise für Eltern

Zur Übung

Vielleicht haben Sie Lust, einmal eine englische Party zu veranstalten. Hier ist eine Spielidee aus Großbritannien, die Sie in abgewandelter Form natürlich auch auf Deutsch spielen können.
Die Spielanleitung finden Sie auf der Kinderseite. Sie haben jedoch die verantwortungsvolle Aufgabe, das Päckchen alleine zu erstellen, denn schließlich darf Ihr Kind ja keinen unfairen Wettbewerbsvorteil haben. Packen Sie ein kleines Geschenk in sehr viele Lagen Geschenkpapier ein. Zwischen jede Lage Geschenkpapier legen Sie einen Zettel mit einer kleinen Aufgabe. Halten Sie für jede Aufgabe eine kleine Belohnung, z. B. ein englisches **biscuit**, einen Keks, bereit.

mögliche Aufgabenzettel
kleine Fragen, die die Kinder auf Englisch beantworten müssen, z. B.:
What's your name? – Wie heißt du?
How old are you? – Wie alt bist du?
What's your favourite colour? – Was ist deine Lieblingsfarbe?

einfache Aufgaben, z. B.:
Draw a cow / your teacher. –
Male eine Kuh / deine(n) Lehrer(in)
Count to ten. – Zähl bis zehn.
Stand on the chair. – Stell dich auf den Stuhl.
Raise your right foot. – Heb deinen rechten Fuß.
Sing a song (in English). – Sing ein Lied (auf Englisch).

kleine Bildchen, die die Kinder auf Englisch benennen müssen, dafür können Sie z. B. die Wortkärtchen verwenden.

englische Begriffe im Text

Lucy and Fred are twins –
Lucy und Fred sind Zwillinge
Today is a big day – their birthday –
Heute ist der große Tag – ihr Geburtstag
They've invited a lot of friends, and they've made a birthday cake and some lemonade –
Sie haben viele Freunde eingeladen, einen Geburtstagskuchen gebacken und Limonade gemacht.

fun and games – Spaß und Spiele
pass the parcel – gib das Päckchen weiter
a present – ein Geschenk
in English – auf Englisch
gets the present – bekommt das Geschenk
good luck! – viel Glück

Hocus pocus, Halloween

Spinnen, Hexen und Fledermäuse

In dieser Aktivität lernt ihr gruselige Gestalten mit ihren englischen Namen kennen.

Zeitangabe

at home

Lernort

Utensilien

Tipp Wortkärtchen und CD helfen euch, wenn ihr nicht weiter wisst.

Hocus pocus, Halloween

Today is the 31st October. That's right, it's Halloween! Fred und Lucy haben **some friends** zu einer richtig gruseligen Party eingeladen. **They are all dressed up** und sind alle sehr stolz auf ihr Kostüm.

Jetzt wollen sie jeder **a pumpkin**, einen Kürbis, aushöhlen um daraus eine Laterne zu basteln. Jeder möchte seine Verkleidung in seinen Kürbis einschnitzen. Diese Kürbislaternen heißen auf Englisch übrigens **jack o'lanterns**. Jedes Kind bekommt einen Kürbis, außer Fips, der das mit dem Halloweenkostüm anscheinend nicht so richtig verstanden hat.

ghost

witch

spider

bat

cat

▶ Kannst du die **pumpkins** den verkleideten Kindern zuordnen? Schreibe die richtigen Begriffe in die Kästchen auf der linken Seite. Dann male die Tiere und Gestalten in die **jack o'lanterns**. Als was hat sich denn Fips verkleidet? Wenn du das englische Wort nicht weißt, darfst du in Aktivität 32 auf ▸ Seite 129 nachsehen.

30 Hinweise für Eltern

Zur Übung

Die Anzahl der Kästchen hilft ihrem Kind, die sicher noch unbekannten Wörter zuzuordnen. Machen Sie Ihr Kind darauf aufmerksam, dass es sich die Bedeutung von einigen Wörtern schon selbst erschließen kann. **'Bat'** kommt in **Batman** (dem Fledermausmann) vor und **'ghost'** klingt ein bisschen wie das deutsche Wort Geist.

Landeskundlicher Tipp

Der Begriff Halloween geht auf **'All Hallows' Eve'** zurück, den Abend vor Allerheiligen. Halloween zählt zu den ältesten Festtagen der Menschheit. Für die Kelten war es ein sehr wichtiges Fest, an dem sie das Ende des Jahres feierten.
Die Kelten glaubten, dass die Seelen der Toten in dieser Nacht auf der Erde umgingen. Die meisten Geister waren gutmütig und wollten sich nur ein wenig umschauen. Aber es gab auch böse Geister, die man versuchte durch eine gruselige Verkleidung zu verjagen.
Besonders in Amerika ist es üblich, dass die Kinder verkleidet durch die Nachbarschaft ziehen, bei den Nachbarn klingeln und "trick or treat" – „Süßes sonst Saures" rufen. Sie bitten damit um Süßigkeiten und drohen, falls sie keine bekommen, dem Nachbarn einen Streich zu spielen. Man kauft also sicherheitshalber Bonbons und Schokolade ein.

englische Begriffe im Text

Today is the 31st October. –
Heute ist der 31. Oktober.
That's right, it's Halloween! –
Das ist richtig, es ist Halloween!
some friends – einige Freunde
They are all dressed up –
sie sind alle verkleidet
a pumpkin – ein Kürbis
jack o'lantern – aus einem Kürbis geschnitzte Laterne, typischerweise mit einem Gesicht

Lösung der Aufgabe

witch – Hexe
bat – Fledermaus
ghost – Gespenst
black cat – schwarze Katze
spider – Spinne
Father Christmas – Weihnachtsmann

The wishing list

Weihnachtsgeschenke

Hier lernt ihr, wie Sachen auf Englisch heißen, die ihr euch vielleicht auch schon mal zu Weihnachten gewünscht habt.

Zeitangabe

at home

Lernort

Utensilien

Tipp

Die Wortkärtchen helfen euch, wenn ihr die Namen der Sachen noch nicht kennt!

The wishing list

It will be Christmas soon! In England legen die Kinder ihren Wunschzettel, **their wishing list**, entweder **in front of the door** oder **next to the chimney**, den Kamin, so dass **Father Christmas** ihn gleich finden kann. Damit er auf seiner langen Reise nicht zu hungrig wird, legen die Kinder manchmal auch **mince pies** dazu. Das sind Törtchen, die mit Trockenfrüchten wie Rosinen und Feigen gefüllt sind.

Lucy, Fred und Fips haben sich etwas ganz Besonderes für ihren Wunschzettel überlegt – **a crossword puzzle**.

Can you find out, was sie sich zu Weihnachten wünschen?

down:

1

2

3

8

4

across:

5

6

9

7

31 Hinweise für Eltern

Zur Übung

Die drei wünschen sich lauter Dinge, die Ihr Kind in diesem Buch schon kennen gelernt hat. Machen Sie es ruhig einmal darauf aufmerksam, wie viel es schon gelernt hat.

Tipp

Machen Sie diese Übung auch gerade zur Weihnachtszeit? Dann lassen Sie Ihr Kind doch seinen Wunschzettel auch auf Englisch verfassen. Wünsche hat es bestimmt genug. Wenn es die Wörter dafür nicht kennt, ist dies eine gute Gelegenheit, ihrem Kind den Umgang mit einem Wörterbuch zu zeigen.

englische Begriffe im Text

It will be Christmas soon! –
Bald ist Weihnachten!
in England – in England
their wishing list – ihren Wunschzettel
in front of the door – vor die Tür
next to the chimney – neben den Kamin
Father Christmas – der Weihnachtsmann
mince pies – siehe die Erklärung im Text
a crossword puzzle – ein Kreuzworträtsel
Can you find out – Kannst du herausfinden

Lösung der Aufgabe

down / senkrecht:
1. bike
2. sandals
3. crayons
4. chocolate
8. book

across / waagerecht:
5. t-shirt
6. teddy
7. ball
9. sunglasses

We wish you a merry Christmas

Ein Weihnachtslied

In dieser Aktivität lernt ihr ein bekanntes englisches Weihnachtslied.

Zeitangabe

at home or on holiday

Lernort

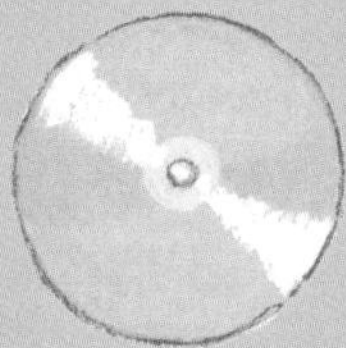

Utensilien

Tipp

Das Weihnachtslied könnt ihr euch auch auf der CD (Track 37) anhören und mitsingen.

We wish you a merry Christmas

In Großbritannien feiert man **Christmas** erst am 25. Dezember, dem **Christmas Day**. An **Christmas Eve**, dem 24. Dezember, haben die Kinder aber auch etwas zu tun. Jeder muss seinen **Christmas stocking**  an den Kamin hängen, so dass **Father Christmas**  dort die **presents**, die Geschenke, hineinlegen kann.

Brave Kinder bekommen übrigens **an orange** , nicht so brave ein Stück Kohle, **coal** , in den Strumpf gesteckt. **What would you get?**

Am 24. Dezember versammeln sich außerdem viele Menschen draußen zum **carol singing,** d.h. sie singen gemeinsam Weihnachtslieder, **Christmas carols**.

Would you like to sing along? Auf deiner CD (Track 37) findest du ein sehr bekanntes englisches Weihnachtslied zum Üben und Mitsingen.

2. Now bring us some Christmas pudding,
Now bring us some Christmas pudding,
Now bring us some Christmas pudding,
And bring us some here.
Chorus:
Good tidings we bring
To you and your kin,
We wish you a merry Christmas
And a happy New Year

3. We won't go until we got some,
We won't go until we got some,
We won't go until we got some,
So bring some right here.
Chorus

4. We wish you a merry Christmas,
We wish you a merry Christmas,
We wish you a merry Christmas,
And a happy New Year.
Chorus

32 Hinweise für Eltern

Zur Übung

Fertig zum gemeinsamen Singen? Auf der CD finden Sie das Lied auf Track 37.

Landeskundlicher Tipp 

Haben Sie sich bei diesem Liedtext gewundert und vielleicht ein bisschen geschmunzelt? Dieses Lied zeigt, dass Weihnachten in Großbritannien einen ausgelasseneren Charakter hat und nicht ganz so besinnlich gefeiert wird wie in Deutschland.

englische Begriffe im Text

Christmas – Weihnachten
Christmas Day – 1. Weihnachtsfeiertag
Christmas Eve – Heiligabend
Christmas stocking – Strumpf für die Weihnachtsgaben
Father Christmas – der Weihnachtsmann
presents – Geschenke
an orange – eine Orange
coal – Kohle
What would you get? – Was würdest du bekommen?
carol singing – Weihnachtsliedersingen
Christmas carols - Weihnachtslieder
Would you like to sing along? – Möchtest du mitsingen?

Übersetzung des Liedtextes

1. Wir wünschen euch eine frohe Weihnacht (3x) und ein frohes Neues Jahr. Eine frohe Botschaft bringen wir euch und den euren.
   chorus / Refrain: Wir wünschen euch eine frohe Weihnacht und ein frohes Neues Jahr.

2. Jetzt bringt uns Christmas Pudding *(ein typisch englisches Weihnachtsgericht)* (3x) und bringt ihn hierher.
   Refrain

3. Wir gehen nicht, bevor wir nicht welchen kriegen (3x). Also bringt welchen genau hierhin.
   Refrain

4. wie 1.

The Easter egg hunt

Ortsangaben

Hier lernt ihr, wie man auf Englisch beschreibt, wo sich etwas befindet und helft Lucy damit bei der Ostereiersuche.

Zeitangabe

at home

Lernort

Utensilien

Tipp Die Wortkärtchen helfen euch, wenn ihr nicht weiter wisst.

Diese Aktivität passt gut zu den Aktivitäten ***Find the leprechauns*** (▸ Seite 57) und ***The odd one out*** (▸ Seite 137).

The Easter egg hunt

It's Easter. Lucy ist heute extra früh aufgestanden und schon ganz gespannt, **where the Easter bunny has hidden the eggs. Fred, the old sleepyhead, is still asleep.** Das verschafft Lucy natürlich einen Vorteil.

Can you help Fred, obwohl er es eigentlich nicht verdient? **Write down where the Easter eggs are.** Die Wörter, die Fips dir zeigt, helfen dir dabei. Man nennt sie übrigens **prepositions**.

one is ______in______ the bucket

one is ____________ the tree

one is ____________ a box

one is ____________ a crocus

one is ____________ the sandpit

one is ____________ a leaf

one is ____________ the ball

one is ____________ a pot

one is ____________ an old shoe

one is ____________ a hat

one is ____________ the wall

one is ____________ the chair

in

behind

on

next to

under

in front of

33 Hinweise für Eltern

Zur Übung

Das Üben der Präpositionen können Sie gut mit Bewegung verknüpfen. Geben Sie sich gegenseitig Kommandos und scheuchen Sie Ihr Kind tüchtig durchs Zimmer. Umgekehrt darf Ihr Kind das natürlich genauso machen.

Sprachliches Material für die Kommandos
sit on the chair – setz dich auf den Stuhl
stand next to the table – stell dich neben den Tisch
lie under the table – leg dich unter den Tisch

Landeskundlicher Tipp

Wussten Sie, dass der Osterhase aus Deutschland nach Amerika und Großbritannien ausgewandert ist? Aus Deutschland stammt wohl auch die Tradition des Versteckens von bunten Eiern. Dennoch gibt es einige Unterschiede bei den Osterbräuchen. So verschenkt man in Großbritannien oft große, mit Pralinen gefüllte Ostereier. In Amerika gibt es **Easter Bonnet Parades** – Osterhutparaden, bei denen man selbstgemachte Hüte zur Schau trägt. Ostersträuße mit bemalten ausgeblasenen Eiern sind dagegen eine rein deutsche Sitte.

englische Begriffe im Text

It's Easter – Es ist Ostern
where the Easter bunny has hidden the eggs – wo der Osterhase die Eier versteckt hat
Fred, the old sleepyhead, is still asleep – Fred, der alte Langschläfer, schläft immer noch
Can you help Fred? – Kannst du Fred helfen?
Write down where the Easter eggs are – Schreib auf, wo die Ostereier sind
prepositions – Präpositionen

Lösung der Aufgabe

1. **one is in the bucket** – eins ist im Eimer
2. **one is next to the tree** – eins ist neben dem Baum
3. **one is on a box** – eins ist auf einer Kiste
4. **one is in front of a crocus** – eins ist vor einem Krokus
5. **one is in the sandpit** – eins ist im Sandkasten
6. **one is under a leaf** – eins ist unter einem Blatt
7. **one is behind the ball** – eins ist hinter dem Ball
8. **one is behind a pot** – eins ist hinter einem Topf
9. **one is in an old shoe** – eins ist in einem alten Schuh
10. **one is under a hat** – eins ist unter einem Hut
11. **one is on the wall** – eins ist auf der Mauer
12. **one is on a chair** – eins ist auf einem Stuhl

The odd one out

Welches Wort passt nicht in die Gruppe?

Hier wiederholt ihr viele verschiedene englische Wörter. Wisst ihr noch, welche Wörter zueinander passen und welche nicht?

Zeitangabe

at home

Lernort

Utensilien

Tipp Die Wortkärtchen helfen euch, wenn ihr nicht weiter wisst!

The odd one out

Du hast in diesem Buch schon eine Menge englischer Wörter gelernt. **Well done!** Unten stehen elf Fragen und jeweils vier englische Wörter. Darunter befindet sich immer ein Wort, das nicht zu den anderen passt, eben **the odd one out**.

Versuche herauszufinden, welches es ist und umkringele es dann **with a pencil**. Die Wortkärtchen helfen dir weiter, falls du ein Wort vergessen haben solltest.

Can you wear it?

swimsuit sandals
shorts leaf

Can you eat it?

banana cheese
cloud carrot

What's the weather like?

sad sun snow rain

Is it a colour?

red bat green purple

Is it an animal?

cow car chick cat

Is it a number?

trousers two ten twelve

Can you drink it?

water milk
lemonade suncream

Can it fly?

balloon plane
pig bee

Do you see it at Christmas?

Father Christmas star
spider present

Is it a preposition?

on under behind big

Is it cold?

sun Fips' nose snowman ice

34 Hinweise für Eltern

Zur Übung

Diese Übung ist ein schöner Abschluss dieses Buches, der Ihnen und Ihrem Kind zeigt, wie viel es schon gelernt hat. Außerdem verlangt diese Aufgabenform von Ihrem Kind, in Kategorien zu denken. Dies ist eine Fähigkeit, die in den weiterführenden Schulformen beim Erlernen von Grammatik noch sehr wichtig werden wird.

englische Begriffe im Text

Well done! – Gut gemacht!
the odd one out – die Ausnahme / das Wort, das nicht dazugehört
with a pencil – mit einem Bleistift

Lösung der Aufgabe

Can you wear it? – Kannst du es anziehen?
swimsuit – Badeanzug, **sandals** – Sandalen, **shorts** – Shorts, **leaf** – Blatt.

Can you eat it? – Kannst du es essen?
banana – Banane, **cheese** – Käse, **cloud** – Wolke, **carrot** – Möhre

What's the weather like? – Wie ist das Wetter?
sad – traurig, **sun** – Sonne, **snow** – Schnee, **rain** – Regen

Is it a colour? – Ist es eine Farbe?
red – rot, **bat** – Fledermaus, **green** – grün, **purple** – purpur

Is it an animal? – Ist es ein Tier?
cow – Kuh, **car** – Auto, **chick** – Küken, **cat** – Katze

Is it a number? – Ist es eine Zahl?
trousers – Hose, **two** – zwei, **ten** – zehn, **twelve** – zwölf

Can you drink it? – Kann man es trinken?
water – Wasser, **milk** – Milch, **lemonade** – Limonade, **suncream** – Sonnenmilch

Can it fly? – Kann es fliegen?
balloon – Ballon, **plane** – Flugzeug, **pig** – Schwein, **bee** – Biene

Do you see it at Christmas? – Sieht man es zur Weihnachtszeit?
Father Christmas – Weihnachtsmann, **star** – Stern, **spider** – Spinne, **present** – Geschenk

Is it a preposition? – Ist es eine Präposition?
on – auf, **under** – unter, **behind** – hinter, **big** – groß

Is it cold? – Ist es kalt?
sun – Sonne, **Fips' nose** – Fips' Nase, **snowman** – Schneemann, **ice** – Eis

Familie und Freunde

boy	Junge
brother	Bruder
dad	Papa
friend	Freund, Freundin
mother	Mutter
mum	Mama
name	Name
twins	Zwillinge

Miteinander sprechen

at all	überhaupt
bye!	tschüs!
can	kann, kannst, können
can you?	kannst du?
come on!	los!
did	tat, machte
to do	tun, machen
do we?	oder?, nicht wahr?
do you know it?	kennst du es?
don't like	nicht mögen
don't!	tu es nicht!
excuse me	wie bitte?, Verzeihung
good idea!	gute Idee!
good luck!	viel Glück!
great	toll, super
to hate	hassen
here you are.	bitte schön!
hi!	hi!, hallo!
how are you?	wie geht es dir?
isn't it?	oder?, nicht wahr?
it is, it's	es ist
just look!	schau bloß mal!
to like	mögen
to listen to	bei etwas zuhören
look!	schau mal!
to love	lieben
to miss	vermissen
no	nein; kein
No, thank you.	Nein danke.
none	kein
not	nicht
oh dear!	oh weh!
oh, listen!	oh, hör mal!
oh, no!	oh nein!
OK, okay	in Ordnung, OK
please	bitte
to say	sagen
to see	sehen
see you!	bis bald!
smile	Lächeln
so	also
spoken	gesprochen
to tell	erzählen
to want	wollen
well done!	gut gemacht!

Wetter

awful	furchtbar, schrecklich
is blowing	bläst, weht
blows	bläst
cloud	Wolke
cold	kalt
it's drizzling	es nieselt
dry	trocken
fine	gut
fog	Nebel
horrible	schrecklich
hot	heiß
ice	Eis
(Red) Indians	Indianer
is	ist
kite	Drachen
lightning	Blitz
it's pouring	es gießt
prepared	vorbereitet
rain	Regen
it's raining	es regnet
is shining	scheint
skiing	Skifahren
sky	Himmel
snow	Schnee
it's snowing	es schneit
snowman	Schneemann
soso	so lala
summer	Sommer
sun	Sonne
thunder	Donner
umbrella	Regenschirm
warm	warm
water	Wasser
weather	Wetter
wet	nass
what's the weather like?	wie ist das Wetter?
wind	Wind

Farben

black	schwarz
blue	blau
brown	braun
to catch	fangen
colour	Farbe
to colour in	anmalen, ausmalen
what colour are …?	welche Farbe haben …?
what colour is …?	welche Farbe hat …?
favourite	Lieblings-
gold	Gold
got	bekam
green	grün
grey	grau
had	hatte
to have	haben
haven't got	haben nicht, haben keine
having	haben
indigo	indigoblau
king's coat	Königsmantel
orange	orangefarben
pot	Topf
purple	lila
rainbow	Regenbogen
red	rot
violet	violett
white	weiß
yellow	gelb

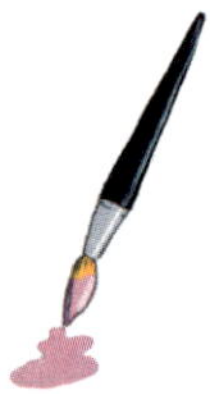

Kleidung

bikini	Bikini
blouse	Bluse
boots	Stiefel
cardigan	Strickjacke
clothes	Kleider
coat	Mantel
dress	Kleid
dressed up	verkleidet
dressing	anziehen
flowery	geblümt
gloves	Handschuhe
hat	Hut
jeans	Jeans
pullover	Pullover
sandals	Sandalen
scarf	Schal
shoe	Schuh
shorts	kurze Hosen
slippers	Hausschuhe
sun glasses	Sonnenbrille
sun hat	Sonnenhut
swimming trunks	Badehose
swimsuit	Badeanzug
trainers	Turnschuhe
trousers	Hosen
t-shirt	T-Shirt
to wear	tragen (Kleidung)
wellies, wellingtons	Gummistiefel

Ferien

address	Adresse
asleep	schlafend
bathroom	Badezimmer
bed	Bett
to bring	bringen
clue	Hinweis
crayon	Buntstift
door	Tür
to draw	zeichnen
envelope	Umschlag
to find	finden
to find out	herausfinden
found	fand
to get	bekommen
to get out	herauskommen
to help	helfen
holiday, holidays	Urlaub, Ferien
ink	Tinte
letter	Brief
to need	brauchen
to pack	packen
paper	Papier
pen	Stift
pencil	Bleistift
picture	Bild
postman	Postbote
sleepyhead	Schlafmütze
to stay	bleiben
staying in touch	in Verbindung bleiben
suitcase	Koffer
suncream	Sonnenschutzcreme
to take	nehmen
are waiting	warten
woke up	wachte auf
to write	schreiben

Schule

highflyer	Überflieger
homework	Hausaufgaben
interesting	interessant
to learn	lernen
learned	gelernt
are learning	lernen
mess	Unordnung
room	Zimmer
school	Schule
at school	in der Schule
teacher	Lehrer, Lehrerin
teacher's pet	Lehrerliebling
to tidy up	aufräumen

Verkehrsmittel

bike	Fahrrad
bus	Bus
car	Auto
fire engine	Feuerwehrauto
to fly	fliegen
plane	Flugzeug
ship	Schiff
train	Zug
tram	Straßenbahn
went	ging

Feste und Feiertage

All Hallows' Eve	Allerheiligen
birthday	Geburtstag
birthday boy	Geburtstagsjunge (/-kind)
birthday cake	Geburtstagskuchen
birthday girl	Geburtstagsmädchen (/-kind)
carol singing	Weihnachtssingen
chimney	Kamin
Christmas	Weihnachten
Christmas carols	Weihnachtslieder
Christmas Day	1. Weihnachtsfeiertag (25. Dezember)
Christmas Eve	Heiligabend
Christmas pudding	typischer Nachtisch zu Weihnachten in Großbritannien
Christmas stocking	Strumpf, in den der Weihnachtsmann die Geschenke hineinsteckt
coal	Kohle
Easter	Ostern
Easter Bonnet Parade	Osterhutparade
Easter bunny	Osterhase
Easter egg	Osterei
Easter egg hunt	Ostereiersuche
egg and spoon races	Eierläufe
Father Christmas	Weihnachtsmann
good tidings	frohe Botschaft (Weihnachten)
Halloween	Halloween (31. Oktober)
happy New Year!	frohes Neues Jahr!
invited	eingeladen

jack o'lantern	Kürbislaterne
kin	Familie (Weihnachten)
lantern	Laterne
merry Christmas!	fröhliche Weihnachten!
mince pies	Törtchen, die man in Großbritannien zu Weihnachten isst
parcel	Päckchen
present	Geschenk
pumpkin	Kürbis
star	Stern
trick or treat!	Süßes, sonst Saures! (Kinderspruch an Halloween)
are waiting for	warten auf
to wish	wünschen
wishing list	Wunschliste
to write down	aufschreiben

Essen

baked beans	gebackene Bohnen
banana	Banane
biscuit	Keks
bread	Brot
butter	Butter
carrot	Karotte
cheese	Käse
cherry	Kirsche
chocolate	Schokolade
could you?	könntest du?
dig in!	hau rein!
dish	Gericht, Mahlzeit
to drink	trinken
to eat	essen
egg	Ei
English breakfast	englisches Frühstück
food	Essen
fruit	Frucht, Früchte
are having	haben
lemon	Zitrone
lemonade	Limonade
made	gemacht
to make	machen
marmalade	Orangenmarmelade
milk	Milch
orange	Orange, Apfelsine
to pass	(weiter)reichen
picnic	Picknick
recipe	Rezept (zum Kochen)
salt	Salz
sandwich	Sandwich, belegtes Brot
sugar	Zucker
sweet	süß
tea	Tee
toast	Toast
tomato	Tomate
would	würde, würdest, würden
would you like ...?	würdest/hättest du gern ...?
yes	ja
yes, please!	ja, bitte!
yummy!	lecker!

Körperteile

arm	Arm
belly	Bauch
ear	Ohr
eye	Auge
face	Gesicht
feet	Füße
foot	Fuß
head	Kopf
knee	Knie
leg	Bein
mouth	Mund
neck	Hals
nose	Nase
shoulders	Schultern
teeth	Zähne
toes	Zehen
tooth	Zahn

Spiele, Singen, Sport

ball	Ball
balloon	Ballon
battleships	*hier:* Schiffe versenken
box	Schachtel
bridge	Brücke
bucket	Eimer
chair	Stuhl
crossword puzzle	Kreuzworträtsel
fell out	fiel heraus
fun	Spaß
game	Spiel
to go	gehen
go!	los!
grid	Spielfeld, Raster
has hidden	hat sich versteckt
here we go!	und los geht's!
hide and seek	Versteckspiel
hit!	Treffer!
house	Haus
I spy with my little eye	ich sehe was, was du nicht siehst
I'm coming	ich komme
join the dots	verbinde die Punkte
to jump up and down	rauf und runter springen
to know	wissen
let's	lass uns, lasst uns
to lose	verlieren
miss!	daneben!
phew!	Puh!
to play	spielen
press-up	Liegestütz (amerikanisches Englisch)
push-up	Liegestütz (britisches Englisch)
quiz	Quiz
raise	(hoch)heben
right	richtig
rock	Fels, Stein
to roll over	herüberrollen
Roshambo	Schnick, Schnack, Schnuck
to run up and down	rauf und runter rennen
sandpit	Sandkasten
scissors	Schere
to sing	singen
to sing along	mitsingen
to sit on	sitzen auf
sit-up	„Klappmesser" (Sportübung)
somersault	Purzelbaum
song	Lied
stairs	Treppen

to stand on	stehen auf
start	Anfang
to start	anfangen
stone	Stein
sunk!	versenkt!
table	Tisch
wall	Mauer
well	Brunnen
to win	gewinnen

In der Natur

crocus	Krokus
flower	Blume
grass	Gras
leaf	Blatt
leaves	Blätter
tree	Baum
tulip	Tulpe

Tiere

animals	Tiere
bah!	mäh! (Schaf)
bat	Fledermaus
bear	Bär
bee	Biene
bird	Vogel
bzzz!	summ! (Biene)
cat	Katze
cheeky lot	freche Bande
cheep!	piep! (Küken)
chick	Küken
chicken	Huhn
cluck!	gacker! (Huhn)
cock	Hahn
cock-a-doodle-doo!	kikeriki! (Hahn)
cow	Kuh
croak!	quak! (Frosch)
dog	Hund
donkey	Esel
duck	Ente
ee-aw!	i-ah! (Esel)
farm	Bauernhof
frog	Frosch
goat	Ziege
grizzly bear	Grizzlybär
Highland cow	schottisches Hochlandrind
horse	Pferd
kangaroo	Känguru
koala (bear)	Koalabär
lion	Löwe
miaow!	miau! (Katze)
moo!	muh! (Kuh)
mouse	Maus
naa!	mecker! (Ziege)
neigh!	wieher! (Pferd)
oink!	grunz! (Schwein)
pig	Schwein
quack!	quak! (Ente)
ribbit!	quak! (Frosch, amerikanisches Englisch)
sheep	Schaf, Schafe
spider	Spinne
tiger	Tiger
tweet!	tschilp! (Vogel)
walk	Spaziergang
to walk	(spazieren)gehen
woof!	wuff! (Hund)

Musikinstrumente

bagpipes	Dudelsack
banjo	Banjo
didgeridoo	Didgeridoo (australisches Instrument)
harp	Harfe
sitar	Sitar
steel drum	Steeldrum (jamaikanisches Instrument)

Länder, Städte, Sprachen

African Americans	Amerikaner von afrikanischer Herkunft
African drum	afrikanische Trommel
Australia	Australien
blacks	Schwarze (afrikanischstämmige Menschen)
Canada	Kanada
Canberra	Canberra (Hauptstadt von Australien)
capital	Hauptstadt
Cardiff	Cardiff (Hauptstadt von Wales)
countries	Länder
country	Land
Dublin	Dublin (Hauptstadt der Republik Irland)
Edinburgh	Edinburgh (Hauptstadt von Schottland)
England	England
English	Englisch
English spoken	man spricht Englisch
fairies	Elfen
Gaelic	Gälisch
German	Deutsch
India	Indien
Ireland	Irland
Jamaica	Jamaika
Kingston	Kingston (Hauptstadt von Jamaika)
land	Land
leprechaun	irischer Kobold
London	London (Hauptstadt von England bzw. Großbritannien)
map	Landkarte
Native Americans	amerikanische Ureinwohner
New Delhi	Neu-Delhi (Hauptstadt von Indien)
New Zealand	Neuseeland
Northern Ireland	Nordirland
place	Platz, Ort
Pretoria	Pretoria (Hauptstadt von Südafrika)
Royal Guard	die königliche Palastwache (Großbritannien)
Scotland	Schottland
South Africa	Südafrika
the Rocky Mountains	das Felsengebirge
the United Kingdom	das Vereinigte Königreich
the USA	die Vereinigten Staaten von Amerika
Tower of London	der Tower von London
visited	besucht
Wales	Wales
Washington, D.C.	Washington, D.C. (Hauptstadt der Vereinigten Staaten von Amerika)
world	Welt

Eigenschaften

big	groß
boring	langweilig
bright	hell
dark	dunkel
easy	leicht
fat	fett
good	gut
happy	glücklich
heavy	schwer
light	leicht
little	klein
long	lang
new	neu
odd one out	das, was nicht zu den anderen passt
old	alt
opposites attract	Gegensätze ziehen sich an
preposition	Präposition, Verhältniswort
sad	traurig
same	(das)selbe
short	kurz
thin	dünn
thing	Ding, Sache
word	Wort
young	jung

Zahlen, Mengen und Fragen

a bit	ein bisschen
a few	ein paar
a lot of	viele
to count to	zählen bis
eight	acht
first	erste, erster, erstes
five	fünf
four	vier
how?	wie?
how many?	wie viele?
lots of	viele
many	viele
more	mehr
much	viel
nine	neun
ninety	neunzig
ninety-nine	neunundneunzig
number	Zahl
one	eins; ein, eine
one hundred	einhundert
seven	sieben
six	sechs
some	ein paar, ein bisschen, etwas
some more	etwas mehr, noch mehr
something	etwas
ten	zehn
three	drei
too	zu
twenty	zwanzig
two	zwei
very	sehr
very few	sehr wenige
what?	was?
what about…?	was ist mit…?
why?	warum?

Zeitangaben

again	wieder, nochmal	**soon**	bald
beginning	Anfang; anfangen	**still**	immer noch
day	Tag	**then**	dann
end	Ende	**time**	Zeit
ends	endet	**today**	heute
good night!	gute Nacht!	**tomorrow**	morgen
January	Januar	**tonight**	heute abend
late	spät	**until**	bis
moment	Moment	**will**	wird, werden (Zukunft)
night	Nacht	**won't**	wird / werden nicht (Zukunft)
now	jetzt		
October	Oktober		

Bindewörter

and	und
but	aber
or	oder

Persönliche Fürwörter

all	alle	**somebody**	jemand
he	er	**their**	ihr, ihre (Plural)
her	ihr (Singular)	**them**	sie (Plural)
him	ihn, ihm	**they**	sie (Plural)
his	sein	**they've**	sie haben
I	ich	**we**	wir
it	es	**who?**	wer?
me	mich, mir	**who is this?**	wer ist das?
others	andere (Plural)	**you**	du; ihr (Plural)
our	unser	**your**	dein, deine; euer, eure
she	sie	**you're**	du bist; ihr seid

Geschlechtswörter

a	ein, eine
an	ein, eine
that	das
that's	das ist
that's it	das ist es
that's right	das ist richtig
the	der, die, das
these	diese (Plural)
this	dieser, diese, dieses
this is	das ist

Ortsangaben

about	an, über
are	sind
at	an, bei
away	weg
to be	sein
behind	hinter
everywhere	überall
for	für
here	hier
in	in
in front of	vor
inner	innere, innerer
into	hinein
left	links
to lie	liegen
next to	neben
of	von
on	auf
out	aus
outside	draußen
right	rechts
right here	genau hier(her)
side	Seite
there	dort, da
there are	da sind, es gibt
there was	da war, es gab
there were	da waren, es gab
there's	da ist, es gibt
under	unter
was	war
where?	wo?
with	mit

Apfel

Adresse

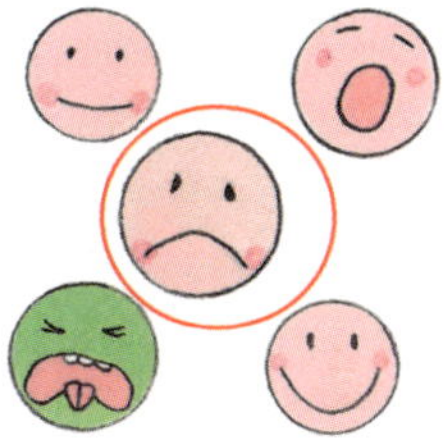

furchtbar

Arme

Luftballon

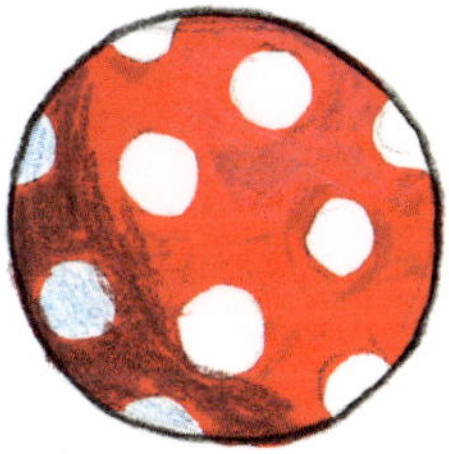

Ball

Fledermaus

Banane

Wasserball

Strand

address	apple
arms	awful
ball	balloon
banana	bat
beach	beachball

Bett

(Grizzly-)Bär

hinter

Biene

groß

Bauch

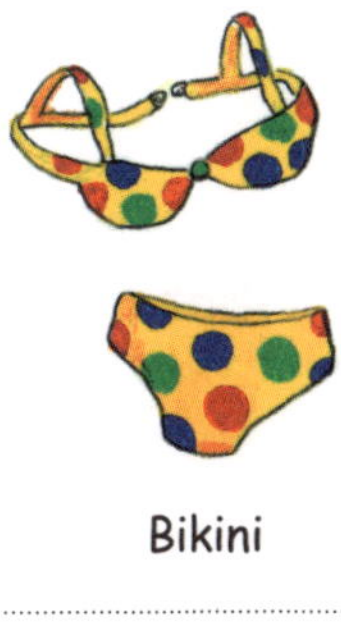

Bikini

Fahrrad

Keks

Vogel

(grizzly) bear	bed
bee	behind
belly	big
bike	bikini
bird	 biscuit cookie 

Bluse

schwarz

Buch

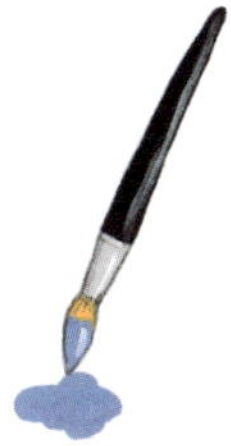

blau

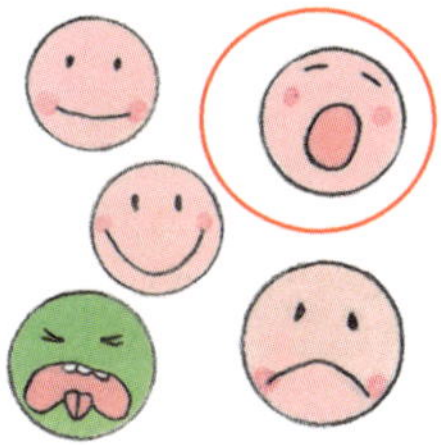

langweilig

Stiefel

Brot

Kiste

hell

Brücke

black	blouse
blue	book
boots	boring
box	bread
bridge	bright

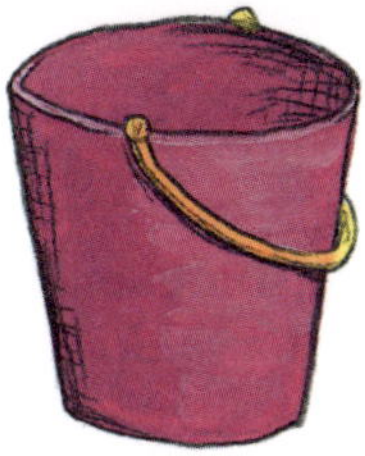

Eimer

braun

Kuchen

Bus

Auto

Kappe

Karotte

Strickjacke

Stuhl

Katze

brown	bucket
bus	cake
cap	car
cardigan	carrot
cat	chair

Kirsche

Käse

Hühner

Küken

Schokolade

Schornstein

Kleider

Strumpf, in den der Weihnachtsmann die Geschenke hineinsteckt

Kohle

Wolke

cheese	cherry
chick	chickens
chimney	chocolate
Christmas stocking	clothes
cloud	coal

Hahn

Mantel

Kuh

kalt

Chips

Buntstifte

dunkel

Krokus

Esel

Hund

coat

cock

cold

cow

crayons

crisps

chips

crocus

dark

dog

donkey

Kleid

Tür

Enten

trocken

Osterhase

Ohren

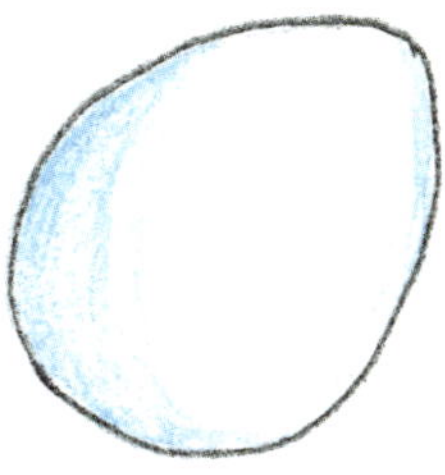

Ei

Osterei

Augen

Briefumschlag

door	dress
dry	ducks
ears	Easter bunny
Easter egg	egg
envelope	eyes

dick

Bauernhof

Füße

Weihnachtsmann

Feuerwehrauto

gut

Blume

Fisch

Frosch

Nebel

farm

fat

Father
Christmas

Santa
Claus

feet

fine / great

fire engine

fish

flower

fog

frog

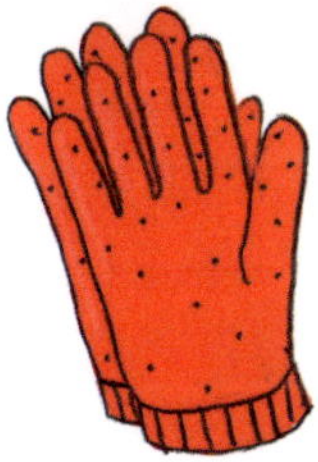

Handschuhe

Geist

Gras

Ziege

Schinken

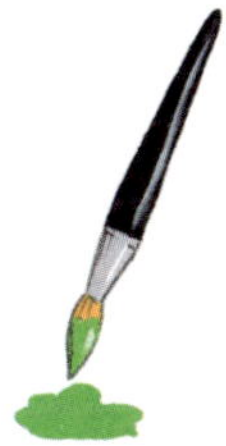

grün

Hut

glücklich

schwer

Kopf

ghost	gloves
goat	grass
green	ham
happy	hat
head	heavy

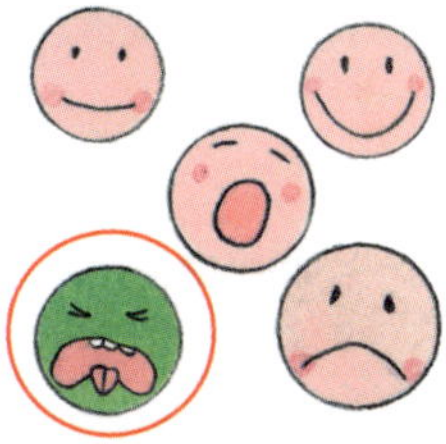

schrecklich

Henne

heiß

Pferd

Eis

Haus

vor

(Speise-)Eis

Jacke

in

hen	horrible
horse	hot
house	ice
ice cream	in front of
in(side)	jacket

Drache

Känguru

Messer

Knie

Laterne

Koalabär

Beine

Blatt

Limonade

Zitrone

kangaroo	kite
knees	knife
koala bear	lantern
leaf	legs
lemon	lemonade

leicht

Brief

Löwe

Blitz

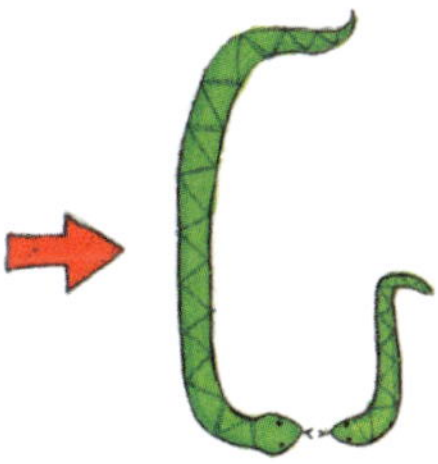

lang

klein

Milch

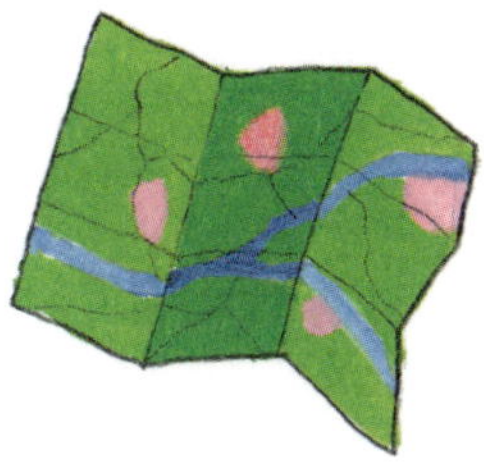

Karte

Mund

Maus

letter

light

lightning

lion

little

long

map

milk

mouse

mouth

neben

Hals

alt

Nase

orangefarben

auf

draußen

Orange, Apfelsine

Stift

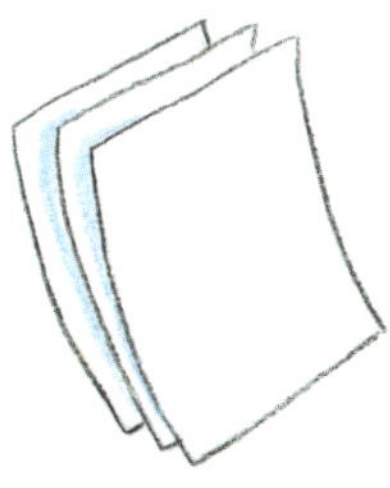

Papier

neck	next to
nose	old
on	orange
orange	outside
paper	pen

Picknick

Bleistift

rosa

Schwein

Briefträger

Flugzeug

Geschenk

Topf

Kürbis

Pullover

pencil	picnic
pig	pink
plane	postman
pot	present
pullover	pumpkin

Regen

purpurrot, lila

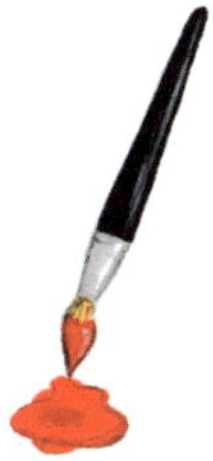

rot

Regenbogen

traurig

Zimmer

Sandkasten

Sandalen

Schal

Sandwich

purple	rain
rainbow	red
room	sad
sandals	sandpit
sandwich	scarf

Schaf

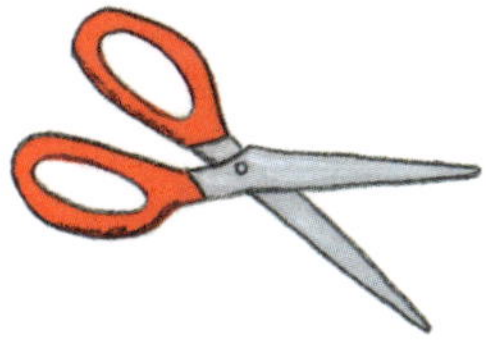
Schere

Schuhe

Schiff

kurze Hosen

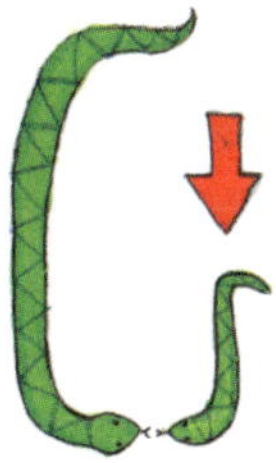
kurz

skifahren

Schultern

Himmel

Rock

scissors	sheep
ship	shoes
short	shorts
shoulders	skiing
skirt	sky

Lächeln

Pantoffeln

Schneemann

Schnee

Spaten

Socken

Stern

Spinne

Koffer

Steine

slippers	smile
snow	snowman
socks	spade
spider	star
stones	suitcase

Sonnenhut

Sonne

Sonnenbrille

Sonnenschutzmilch

schwimmen

Bonbons, Süßigkeiten

Badeanzug

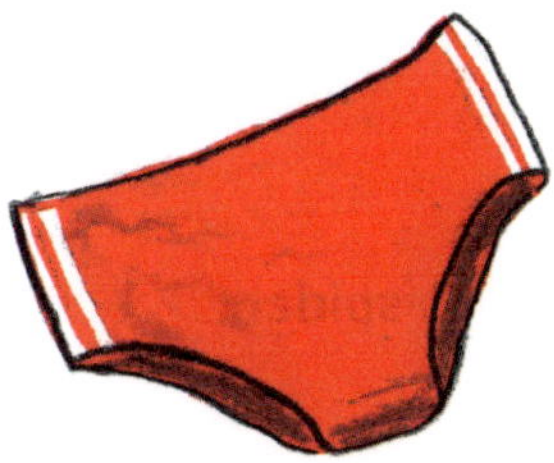

Badehose

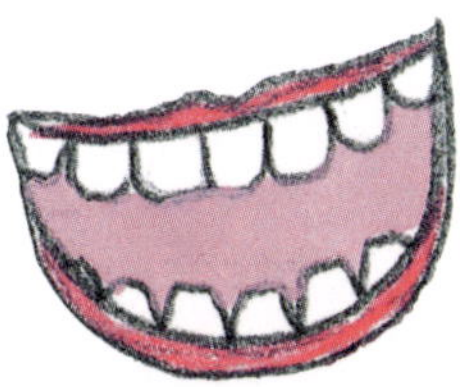

Zähne

Teddy(bär)

sun

sun hat

suncream

sunglasses

sweets

candy

swimming

swimming trunks

swimsuit

teddy

teeth

Donner

dünn

Tiger

Gewitter

Tomate

Zehen

Zug

Handtuch

Straßenbahn

Turnschuhe

thin	thunder
thunderstorm	tiger
toes	tomato
towel	train
trainers	tram

Hose

Baum

Tulpe

T-Shirt

unter

Regenschirm

spazierengehen

violett, lila

warm

Mauer

tree	trousers
t-shirt	tulip
umbrella	under
violet	walking
wall	warm

Wetter

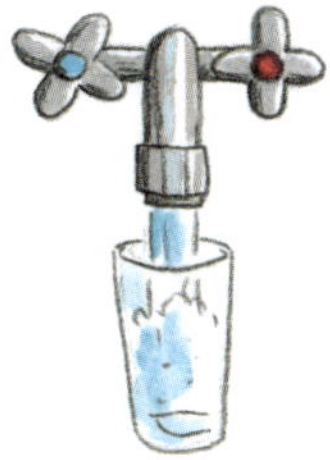

Wasser

nass

Gummistiefel

Wind

weiß

gelb

Hexe

Tinte

jung

water	weather
wellies (wellingtons)	wet
white	wind
witch	yellow
young	ink

Fred

Hi ______________,
How are you? I'm fine. I'm
on holidays in ______________.
The weather is ______________.
______________. I ______________
the food here. My favourite
dish is ______________. We have
visited ______________ places.
We went to ______________.
I'm having a ______________
time here. I don't miss
school at all but I miss you.
See you soon,
bye. ______________.